PROJET

DE

CANON DE CAMPAGNE,

PAR

M. MUGNIER,

CHEF D'ESCADRON D'ARTILLERIE.

PARIS,

GAUTHIER-VILLARS, IMPRIMEUR-LIBRAIRE

DE L'ÉCOLE POLYTECHNIQUE, DU BUREAU DES LONGITUDES,

SUCCESSEUR DE MALLET-BACHELIER,

Quai des Augustins, 55.

1874

PROJET

DE

CANON DE CAMPAGNE.

PROJET

DE

CANON DE CAMPAGNE,

PAR

M. MUGNIER,

CHEF D'ESCADRON D'ARTILLERIE.

PARIS,

GAUTHIER-VILLARS, IMPRIMEUR-LIBRAIRE

DE L'ÉCOLE POLYTECHNIQUE, DU BUREAU DES LONGITUDES,

SUCCESSEUR DE MALLET-BACHELIER,

Quai des Augustins, 55.

1874

(Tous droits réservés.)

LIBRAIRIE DE GAUTHIER-VILLARS,
SUCCESSEUR DE MALLET-BACHELIER,
QUAI DES GRANDS-AUGUSTINS, 55, A PARIS.

MÉMORIAL

DE

L'ARTILLERIE,

OU

RECUEIL DE MÉMOIRES,

EXPÉRIENCES, OBSERVATIONS ET PROCÉDÉS

RELATIFS AU SERVICE DE L'ARTILLERIE;

RÉDIGÉ PAR LES SOINS DU COMITÉ,

AVEC L'APPROBATION DU MINISTRE DE LA GUERRE.

UN VOLUME IN-8 (N° VIII), AVEC ATLAS CARTONNÉ DE 24 PLANCHES GRAVÉES
SUR CUIVRE; 1867. — PRIX : 12 FR.

En envoyant à l'Éditeur un mandat de **12** francs sur la Poste,
on recevra l'Ouvrage franco dans toute la France.

Ce volume contient l'historique des modifications successives introduites dans l'organisation du personnel et dans le matériel de l'Artillerie, par suite de l'adoption des *bouches à feu rayées*. L'extrait suivant de la TABLE DES MATIÈRES donnera l'idée de l'abondance et de l'importance des sujets traités dans cet ouvrage.

CHAPITRE I. — BOUCHES A FEU. — *Bouches à feu lisses :* Canon-obusier de 12 (Canon de l'Empereur). — Changement de position de la lumière dans les anciens mortiers à la Gomer. — Suppression des pierriers. — Expériences sur des mortiers en bronze de 12 centimètres.

Bouches à feu rayées : Études anciennes. — Études entreprises de 1850 à 1856. — Études entreprises de 1856 à 1859. — Propositions diverses.

Fonderies : Travaux divers exécutés dans les fonderies. — Construction d'une fonderie à Bourges.

CHAPITRE II. — PROJECTILES. — Fabrication des projectiles oblongs. — Conservation des projectiles oblongs.

CHAPITRE III. — MATÉRIEL. — Artillerie de siége. — Artillerie de place. — Artillerie de côte. — Artillerie de campagne, modèle 1827. — Artillerie rayée de campagne, modèle 1858. — Artillerie de montagne. — Procédés divers mis en essai pour la conservation des objets en fonte et en fer.

CHAPITRE IV. — PONTS MILITAIRES. — Nouvel équipage de pont, etc.

CHAPITRE V. — HARNACHEMENT.

CHAPITRE VI. — POUDRES ET SALPÊTRES.

CHAPITRE VII. — MUNITIONS ET ARTIFICES. — Sachets. — Boîtes à mitraille. — Obus et bombes à balles. — Appareils pour lancer des obus, des grenades, des boulets et des balles avec les mortiers. — Étoupilles fulminantes. — Fusées de projectiles creux. — Balles à feu. — Pétards et appareils de rupture. — Fusées de guerre.

CHAPITRE VIII. — CONSTRUCTION DES BATTERIES.

CHAPITRE IX. — ARMEMENT DES PLACES ET DES CÔTES.

CHAPITRE X. — RENSEIGNEMENTS DIVERS. — Écoles d'artillerie. — Enseignement régimentaire. — Exécution des bouches à feu, etc.

On trouvera à la même librairie quelques **Collections des sept premiers volumes du Mémorial de l'Artillerie,** *au prix de 80 fr. l'une.*

On trouvera également quelques **Collections du Mémorial de l'Officier du Génie,** 17 *volumes in-8, au prix de* 100 *fr. l'une.*

CABANIÉ, Charpentier, Professeur du Trait de charpente, de Mathématiques, etc. — **Charpente générale théorique et pratique.** 2 volumes in-folio avec planches. 2ᵉ édition; 1864...................... 60 fr.
    On vend séparément le tome Iᵉʳ, **Bois droit**... .... 30 fr.
    Le tome II, **Bois croche**............................ 30 fr.

COURS SPÉCIAL A L'USAGE DES SOUS-OFFICIERS DE L'ARTILLERIE. (*Adopté par M. le Ministre de la Guerre.*) In-12, avec 8 planches; 1840.. 2 fr. 50 c.

Cet Ouvrage contient des notions sur les bouches à feu et leur chargement, sur la confection des cartouches, sur le service de l'Artillerie en campagne, sur le tir, sur la fortification permanente, sur la construction des batteries, sur l'armement et le désarmement des ouvrages, etc.

DELAISTRE (L.), Professeur de Dessin général. — **Cours complet de Dessin linéaire, gradué et progressif**, contenant la Géométrie pratique, élémentaire et descriptive; l'Arpentage, le Lever des Plans et le Nivellement; le Tracé des Cartes géographiques; des Notions sur l'Architecture; le Dessin industriel; la Perspective linéaire et aérienne; le Tracé des Ombres et l'étude du Lavis. *Quatre Parties*, composées de 60 Planches et 70 pages de texte in-4 oblong à deux colonnes, tirées sur jésus.
    Prix de l'Ouvrage complet cartonné...................... 15 fr.

DIDION (Is.), Général de Brigade, Commandant d'artillerie dans la 5ᵉ division militaire. — **Traité de Balistique.** 2ᵉ édition, revue et augmentée. In-8 avec planches; 1860... 10 fr.

DU MONCEL (Th.), Ingénieur électricien de l'Administration des Lignes télégraphiques. — **Notice sur l'appareil d'induction électrique de Ruhmkorff.** 5ᵉ édit., avec nombreuses figures dans le texte; 1867. 7 fr. 50 c.

ENDRÈS (E.), ancien Élève de l'École Polytechnique, Ingénieur des Ponts et Chaussées. — **Manuel du Conducteur des Ponts et Chaussées**, d'après le dernier *Programme officiel des examens*. Ouvrage indispensable aux Conducteurs et Employés secondaires des Ponts et Chaussées et des Compagnies de Chemins de fer, aux Agents voyers et à tous les Candidats à ces emplois. 4ᵉ édition, 2 vol. in-8, avec 652 figures dans le texte et 4 planches d'instruments dessinés et gravés d'après les meilleurs modèles; 1865................................... 13 fr.

ESSAI SUR L'ORGANISATION DU PERSONNEL DE L'ARTILLERIE, par un ancien Élève de l'École Polytechnique. In-8; 1865.......... 3 fr.

Dans le cadre étroit circonscrit par le titre de l'Ouvrage, l'Auteur a su faire entrer les questions d'état qui préoccupent le plus les Officiers. Les rapports de solidarité qui unissent les trois Armes tactiques y sont présentés aussi sous un jour nouveau. C'est pourquoi ce Livre, malgré son caractère apparent de spécialité, se recommande à l'attention de tous les Militaires indistinctement.

FAURE (H.), Capitaine d'Artillerie, Professeur des Sciences appliquées à l'École de Grenoble. — **Recueil de théorèmes relatifs aux sections coniques.** In-8; 1867.............................. 2 fr. 50 c.

HUDELOT (A.), Capitaine d'État-major. — **PLANS COTÉS. Introduction aux cours de Topographie et de Fortification**, à l'usage des Sous-Officiers. 2 volumes in-8, dont un composé de 12 planches; 1861. 6 fr.

KIAÈS (J.), Chef des Travaux graphiques à l'École Polytechnique, ancien Élève de cette École, ancien Professeur de Mathématiques aux Écoles de l'Artillerie et du Génie. — **Arithmétique élémentaire**, approuvée par S. Exc. le Ministre de la Guerre pour l'enseignement des *Caporaux* et *Sapeurs* dans les Écoles régimentaires du Génie. In-12 cartonné; 1867.
    1 fr. 20 c.

KIAËS (J.). — **Traité d'Arithmétique,** approuvé par S. Exc. le Ministre de la Guerre pour l'enseignement des *Sous-Officiers* dans les Écoles régimentaires du Génie. In-12; 1867 . . . . 2 fr. 75 c.

L'ARTILLERIE DE COMBAT ET L'ARTILLERIE DE PARADE, par un ancien Élève de l'École Polytechnique. In-8; 1867 . . . . 1 fr. 75 c.

LAUSSEDAT (A.), Capitaine du Génie. — **Leçons sur l'Art de lever les Plans,** comprenant **les levers de terrain et de bâtiment, la pratique du nivellement ordinaire et le lever des courbes horizontales à l'aide des instruments les plus simples.** Ouvrage utile aux Propriétaires, aux Agents des travaux publics, aux Instituteurs primaires, aux Élèves des Écoles normales et industrielles et aux Sous-Officiers de l'armée. In-4, avec 10 planches; 1861 . . . . 5 fr.

MARCHI (Francesco). — **Architettura militare,** illustrata da **Luigi MARINI.** Roma, da torchi di Mariano de Romanis et figli. 5 volumes grand in-folio; 1810 . . . . 150 fr.
  Magnifique édition dédiée à S. M. Napoléon Ier; bien préférable à celle publiée en 1599.

PIOBERT, Membre de l'Institut, Général d'Artillerie. — **Traité d'Artillerie théorique et pratique.** Partie théorique et expérimentale : **Propriétés et effets de la Poudre.** 2e édition, revue et augmentée. In-8, avec planches; 1859 . . . . 8 fr.

PIOBERT. — **Traité d'Artillerie théorique et pratique.** Partie théorique : Mouvement des Gaz et de la Poudre. In-4; 1860 . . . . 4 fr.

PIOBERT. — **Mémoires sur les Poudres de guerre, des différents procédés de fabrication,** avec Résumé des épreuves comparatives faites sur ces poudres, à Esquerdes, en 1831, 1832, et à Metz, en 1836 et 1837. In-8; 1844 . . . . 4 fr.

PIOBERT. — **Mémoire sur le Tirage des Voitures,** etc. In-4 . . . . 3 fr.

PIOBERT. — **Sur le moyen de diminuer les dangers des explosions de la Poudre.** In-4 . . . . 2 fr.

PONCELET, Membre de l'Institut. — **Traité des Propriétés projectives des figures.** Ouvrage utile à ceux qui s'occupent des applications de la Géométrie descriptive et d'opérations géométriques sur le terrain. 2e édition, 1865-1866. 2 beaux volumes in-4 d'environ 450 pages chacun, imprimés sur carré fin satiné, avec de nombreuses planches gravées sur cuivre . . . . 40 fr.
  Le Ier volume contient non-seulement toute la matière du volume unique de la 1re édition, mais encore des Annotations nouvelles dont l'étendue et le nombre sont justifiés par leur importance au point de vue historique et à celui des doctrines.
  Le IIe volume contient : Théorie générale des centres de moyennes harmoniques. — Théorie générale des polaires réciproques. — Principe de réciprocité polaire et Applications diverses des relations métriques ou descriptives. — Analyse des transversales et Applications.
  Le IIe volume se vend séparément . . . . 20 fr.

RESAL (H.), Ingénieur des Mines. — **Recherches sur le mouvement des projectiles dans les armes à feu.** In-8; 1864 . . . . 2 fr.

SOULOT (P.-L.), Professeur de Géométrie descriptive à l'École impériale spéciale militaire de Saint-Cyr. — **Méthode des plans cotés.** In-4 lithographié avec figures dans le texte; 1866 . . . . 2 fr. 50 c.

IMPRIMERIE DE GAUTHIER-VILLARS, successeur de MALLET-BACHELIER.
Paris, rue de Seine-Saint-Germain, 10, près l'Institut.

MINISTÈRE
DE LA GUERRE.
___

Paris, le 6 mai 1872.

« COMMANDANT,

» Dans ses séances des 7, 11 et 14 mars dernier, le Comité de l'Artillerie a examiné les projets de canons de campagne qui ont été établis par des officiers ou des Commissions, en exécution des prescriptions de la circulaire ministérielle du 5 août 1871, adressée à tous les corps et établissements de l'artillerie.

» Parmi les Mémoires qui ont attiré son attention, le Comité m'a signalé le vôtre, comme digne d'être porté à la connaissance des officiers d'artillerie.

» J'ai décidé, en conséquence, qu'il sera publié, mais sans que cette publication puisse être considérée comme une sanction donnée aux théories qui y sont exposées.

. . . .

» Recevez, Commandant, l'assurance de ma considération distinguée.

» *Le Ministre de la Guerre,*

G^{al} DE CISSEY. »

A Monsieur MUGNIER, *Chef d'escadron au* 7e *régiment d'artillerie.*

TABLE.

CHAPITRE PREMIER.

CONSIDÉRATIONS GÉNÉRALES.

Pages.

Métal du canon.. 1
Mode de construction..
Mode de chargement.. 16
Fermeture et obturation.. 19
Rapport des poids de la charge et du projectile.................... 23
Poids du canon et du projectile.................................... 25

CHAPITRE II.

MODE DE FORCEMENT DU PROJECTILE.

Modes de forcement... 28
Appui direct sur l'âme... 29
Tenons... 31
Ceintures obturatrices... 32
Longueur d'appui... 35
Disposition des ceintures.. 36
Métal.. 42
Plomb.. 44
Cuivre... 47
Disposition générale... 49

CHAPITRE III.

OBUS.

Charge intérieure.. 52
Poids, volume et densité... 54
Forme extérieure... 54
Forme de l'avant... 55
Forme de l'arrière... 56
Longueur et calibre.. 58
Forme intérieure... 60
Disposition de l'obus.. 62

(VIII)

Pages.

Densité... 162
Épaisseur.. 164
Dispositions proposées... 167

CHAPITRE XII.

TIR DU CANON.

Charge du canon.. 168
Lubrificateur.. 169
Détails de manœuvre.. 170

CHAPITRE XIII.

LOIS DU MOUVEMENT DU PROJECTILE.

Vitesse initiale de translation.. 171
Vitesse initiale de rotation... 177
Mouvement du projectile dans l'âme..................................... 178
Travail de la poudre... 185
Résistance de l'air.. 188
Trajectoire.. 193
Portées et angles de tir... 199
Angles de chute.. 200
Hauteur du jet... 200
Durée du trajet.. 201
Dérivation... 202
Hausses et dérives... 204
Action du vent... 205
Tables de tir.. 209

PLANCHES.

OBUS DE 5.

PLANCHE I. — Élévation. Coupe suivant l'axe.............................. 211

CANON DE 5.

PLANCHE II. — Coupe suivant le plan de tir.............................. 212
PLANCHE III. — Plan.. 213

FERMETURE DE LA CULASSE.

PLANCHE IV. — Plan. Coupe suivant l'axe, normale au plan de tir. 214
PLANCHE V. — Élévation de l'arrière. Élévation du côté gauche... 215

FIN DE LA TABLE.

PROJET

DE

CANON DE CAMPAGNE.

CHAPITRE PREMIER.

CONSIDÉRATIONS GÉNÉRALES.

Métal du canon.

1. Lorsque l'on soumet un barreau de métal homogène à des efforts graduellement croissants, l'allongement de ce barreau est proportionnel à l'effort qu'il supporte, jusqu'à une certaine valeur de cet effort, à partir de laquelle les allongements croissent beaucoup plus rapidement et beaucoup moins régulièrement.

L'expérience montre qu'au-dessous de cette limite l'allongement produit par l'effort disparait lorsque l'effort cesse, tandis qu'au-dessus l'allongement ne disparait pas complétement avec l'effort.

Cette limite, au delà de laquelle apparaît la déformation permanente du métal, est appelée, pour ce motif, *limite d'élasticité*. Elle est facile à déterminer expérimentalement pour chaque métal, et bien définie par l'augmentation brusque et rapide du rapport de l'allongement à l'effort subi.

Si l'on construit une courbe ayant l'effort pour abscisse et l'allongement pour ordonnée, on trouve une

1

ligne droite peu inclinée sur l'axe des abscisses, et suivie d'une courbe peu régulière, qui s'élève rapidement. L'abscisse maxima de la droite représente la limite d'élasticité. L'abscisse maxima de la courbe représente la limite de rupture.

Pour qu'un canon résiste à la pression des gaz de la poudre, il faut et il suffit que l'effort maximum de traction déterminé par cette pression soit au plus égal à la limite d'élasticité du métal.

Cette condition est suffisante, parce qu'un effort au plus égal à la limite d'élasticité ne produit aucune déformation permanente. Elle est nécessaire, parce qu'un effort supérieur à cette limite détermine dans le métal un véritable changement d'état, à partir duquel les déformations deviennent permanentes et s'augmentent rapidement.

L'effort maximum de traction déterminé par la pression se produit à la surface de l'âme, et il peut être considéré comme égal à la pression multipliée par la somme des carrés des rayons extérieur et intérieur de l'âme, et divisée par la différence de ces carrés.

Si l'on représente les deux rayons par R et r, la pression par p et la limite d'élasticité par L, l'effort maximum est représenté par l'expression $p\dfrac{R^2 + r^2}{R^2 - r^2}$, et la condition nécessaire et suffisante de l'équilibre du canon est exprimée par la relation

$$p\frac{R^2 + r^2}{R^2 - r^2} \leq L$$

Cette condition est absolument suffisante si la valeur attribuée à la pression est le maximum réel de la pression des gaz.

Mais ce maximum, très-difficile à calculer et à mesurer, est aussi très-variable, la pression pouvant être beaucoup augmentée par diverses circonstances, telles que l'emploi d'une poudre trop vive, le forcement d'un projectile trop grand, la rupture d'un projectile trop faible ou l'arc-boutement d'un projectile mal dirigé.

Le maximum de pression, calculé ou mesuré dans les conditions normales du tir, peut être doublé par ces accidents ; et de là il suit que, pour être absolument à l'abri des déformations permanentes, il faudrait réduire l'effort maximum de traction résultant des conditions normales du tir à la moitié de la limite d'élasticité.

Mais, comme on ne pourrait satisfaire à cette condition qu'en exagérant le poids du canon ou en diminuant beaucoup sa puissance, on peut se contenter de le garantir contre toute dégradation permanente dans les conditions normales du tir, et de le garantir en même temps contre les chances de rupture résultant des accidents.

Cette dernière condition sera remplie si l'effort maximum de traction, résultant des conditions normales du tir, est au plus égal à la moitié de la ténacité du métal.

On est ainsi conduit à représenter les conditions nécessaires et suffisantes de la résistance du canon par les deux relations

$$P\,\frac{R^2 + r^2}{R^2 - r^2} < L, \quad P\,\frac{R^2 + r^2}{R^2 - r^2} < \tfrac{1}{2}T.$$

La première garantit le canon contre toute dégradation provenant du tir normal. La seconde le garantit contre toute chance d'éclatement.

La première assure la durée de la résistance normale et la conservation du canon. La seconde garantit la sécurité complète du tir.

La sécurité ainsi obtenue sera très-grande si la limite

de rupture dépasse de beaucoup la limite d'élasticité, parce que la pression des gaz, avant d'atteindre l'effort nécessaire à la rupture, produira des déformations permanentes, des gonflements ou des fissures qui diminueront l'effort maximum, et avertiront des dangers que pourrait présenter la continuation du tir.

Des deux relations qui expriment les conditions de sécurité et de résistance résultent diverses conséquences faciles à déduire.

La pression que le canon peut supporter augmente avec l'épaisseur, mais ne lui est pas proportionnelle, et varie beaucoup moins rapidement.

Elle est toujours inférieure à la limite d'élasticité et à la ténacité du métal, quelle que soit son épaisseur.

Elle est égale aux trois cinquièmes de la plus petite de ces deux limites, lorsque l'épaisseur est la moitié du calibre, aux huit dixièmes, lorsque l'épaisseur est égale au calibre, et aux quinze dix-septièmes, lorsque l'épaisseur est de un calibre et demi.

La résistance du canon s'augmente beaucoup moins par un accroissement de l'épaisseur que par un petit accroissement de l'élasticité et de la ténacité.

Les canons, formés de métaux peu tenaces et peu élastiques, ne peuvent soutenir les grandes pressions, quelle que soit leur épaisseur, et ils ne peuvent résister même aux faibles pressions qu'avec de grandes épaisseurs et de grands poids.

Les métaux très-tenaces et très-élastiques peuvent seuls être employés pour les canons de grande puissance, qui nécessitent de hautes pressions, et si leur emploi n'est pas nécessaire pour les canons de faible puissance, il est cependant très-avantageux, parce qu'il permet de réduire beaucoup leur épaisseur et leur poids.

La ténacité et l'élasticité étant les qualités essentielles du métal à canon, l'acier paraît actuellement seul admissible pour la construction des bouches à feu, parce qu'il est beaucoup plus tenace et plus élastique que tout autre métal.

L'effort que l'acier peut supporter sans se rompre varie de 50 à 80 kilogrammes par millimètre carré, tandis que la ténacité du bronze et des meilleures fontes est au plus égale à 24 kilogrammes.

L'effort que l'acier peut supporter sans déformation permanente, l'allongement restant proportionnel à l'effort, varie de 25 à 55 kilogrammes par millimètre carré, tandis que la limite d'élasticité est au plus égale à 12 kilogrammes par millimètre carré, et à 18 kilogrammes pour les meilleures fontes.

L'emploi du bronze donne beaucoup de sécurité, la limite de rupture de ce métal étant au moins le double de sa limite d'élasticité.

Mais il nécessite des canons beaucoup plus lourds que l'acier et ne peut être appliqué aux canons de grande puissance, dans lesquels la tension des gaz est nécessairement très-grande.

L'emploi de la fonte peut être appliqué à des canons d'assez grande puissance, la limite d'élasticité de ce métal pouvant atteindre 18 kilogrammes par millimètre carré.

Mais il nécessite des épaisseurs et des poids plus grands que l'acier.

Il est de plus très-dangereux, parce que, la limite de rupture étant très-voisine de la limite d'élasticité, le canon peut se rompre sans qu'on ait pu voir, avant le coup qui détermine la rupture, aucune déformation permanente qui prévienne du danger.

Le bronze et la fonte ont pu être utilement employés,

lorsque l'industrie ne pouvait pas encore produire de grandes masses d'acier homogène ; mais ces masses peuvent être aujourd'hui facilement obtenues, non-seulement en Angleterre et en Allemagne, mais aussi en France, et peut-être en France mieux qu'ailleurs.

L'outillage de nos usines est, dès aujourd'hui, suffisant pour produire et travailler des masses d'acier homogène, bien supérieures à celles que nécessite la fabrication des canons de campagne, et si l'industrie française n'a pas actuellement tout l'outillage nécessaire pour assurer l'homogénéité des grandes masses destinées aux canons de très-grande puissance, il lui sera certainement facile de le créer quand l'adoption définitive des canons d'acier lui assurera l'utilisation profitable de cet outillage.

Mode de construction.

2. On appelle généralement *doux* ou *ductiles* les métaux qui peuvent se déformer beaucoup sans se rompre, ceux qui, soumis à une traction, s'allongent avant la rupture d'une fraction considérable de leur longueur.

On appelle *roides* ceux qui se déforment très-peu avant de se rompre, ceux qui s'allongent avant la rupture d'une fraction très-faible de leur longueur.

Les aciers les moins carburés sont les plus doux.

L'acier peu carburé est un peu moins tenace, un peu moins élastique, capable de moins grands efforts. Il est moins fusible et plus exposé aux soufflures. Il donne des contractions moins fortes et un étirement plus inégal.

Mais il est plus homogène. Il supporte mieux le martelage à très-haute température. Il subit dans ses propriétés physiques, après le corroyage et le recuit, des modifications moins irrégulières.

Il est plus doux, plus ductile. Il peut se déformer

beaucoup sans se rompre et donne par suite, avant la rupture, un travail résistant plus considérable.

L'emploi de l'acier doux donne plus de sécurité que l'emploi de l'acier roide, parce que, dans un canon formé de métal doux, la pression des gaz, avant d'atteindre l'effort nécessaire à la rupture, produit des déformations permanentes considérables, qui diminuent l'effort maximum et avertissent du danger.

Il paraît utile, pour ce motif, de n'admettre dans la fabrication des canons que les aciers très-peu carburés, qui peuvent se déformer beaucoup sans se rompre, et s'allonger avant la rupture d'une fraction considérable de leur longueur.

En élevant la limite d'élasticité du métal, on le garantit contre les dégradations résultant du tir normal, on assure la durée de la résistance et la conservation du canon.

En élevant la ténacité et l'allongement total avant rupture, on augmente le travail résistant, on garantit le canon contre toute chance d'éclatement, on obtient la sécurité complète du tir.

3. L'acier pourra être essayé, par traction, au moyen de barreaux pris dans diverses parties du canon.

Ces barreaux pourront être fournis par les extrémités du lingot, ou par le cylindre enlevé dans le forage, ou par le métal enlevé dans le logement de la fermeture de culasse.

Appliquant à chaque barreau des charges graduellement croissantes, on mesurera l'allongement déterminé par chaque charge, et l'on construira une courbe ayant l'effort de traction pour abscisse et l'allongement pour ordonnée.

On trouvera ainsi une ligne droite peu inclinée sur

l'axe des abscisses, suivie d'une courbe peu régulière qui s'élève rapidement.

L'abscisse maxima de la droite représente la limite d'élasticité.

L'ordonnée maxima de la droite représente l'allongement élastique.

L'aire comprise entre l'axe des abscisses, la droite et son ordonnée maxima, représente le travail élastique, le travail résistant produit par le barreau avant la limite d'élasticité.

L'abscisse maxima de la courbe représente la charge de rupture.

L'ordonnée maxima représente l'allongement total déterminé par la charge de rupture.

L'aire comprise entre l'axe des abscisses, la courbe et son ordonnée maxima représente le travail de rupture, le travail résistant total produit par le barreau avant la rupture.

Le travail élastique est la moitié du produit de l'allongement élastique par la limite d'élasticité.

Le travail de rupture est généralement à peu près égal au produit de l'allongement final par la charge de rupture diminuée du tiers de la différence de cette charge et de la limite d'élasticité.

Si la courbe des allongements permanents différait peu d'une ligne droite, le travail de rupture serait à peu près égal au travail élastique, augmenté du produit obtenu en multipliant la différence de l'allongement final et de l'allongement élastique par la somme des deux limites de rupture et d'élasticité.

La limite d'élasticité de l'acier varie de 25 à 55 kilogrammes par millimètre carré.

La ténacité varie de 50 à 80 kilogrammes.

L'allongement élastique est toujours très-faible, et au

plus égal à $\frac{1}{2}$ pour 100. L'allongement total, avant la rupture, est plus grand, et peut varier de 4 à 28 pour 100.

En l'état actuel de l'industrie, on peut facilement obtenir, et l'on doit exiger, dans les épreuves de l'acier destiné aux canons, une limite d'élasticité au moins égale à 25 kilogrammes par millimètre carré, une ténacité au moins égale à 50 kilogrammes et un allongement total, avant rupture, au moins égal à 20 pour 100.

4. On peut employer, pour la fabrication des canons, ou l'acier fondu au creuset, ou l'acier obtenu par le procédé Bessmer.

Quoique l'acier fondu au creuset soit généralement considéré comme très-supérieur à l'acier Bessmer, celui-ci peut donner d'excellents canons, si l'on n'admet dans le convertisseur que des fontes grises, de très-bonne qualité, contenant très-peu de soufre et de phosphore.

Les fontes obtenues dans les usines de la Loire, avec les minerais venant de Corse, de Sardaigne ou de Bône, paraissent remplir assez bien ces conditions.

Plusieurs canons de grand calibre en acier Bessmer, provenant de ces usines, ont présenté une résistance égale à celle des meilleurs canons allemands.

Si l'on emploie l'acier Bessmer, il sera bon que les fontes à convertir, et la fonte miroitante à introduire dans le convertisseur, après la décarburation, soient préalablement fondues au four à réverbère.

Il sera bon de laisser reposer le métal chaud dans la cornue couchée avant la coulée, pour que les gaz puissent se dégager de la masse fondue.

Il sera nécessaire de faciliter, autant qu'on le pourra, par la disposition de la coulée et du lingot, l'arrivée des gaz dans la masselotte et de maintenir le métal en fusion dans le moule à une haute température, pendant un temps assez long, pour permettre aux gaz de s'échapper, la présence fréquente des soufflures étant le plus grand désavantage du procédé Bessmer.

Ce procédé permet d'obtenir, sans destruction de la cornue, et sans grande dépense de combustible, des températures très-élevées. Le courant d'air, lancé dans l'appareil, préserve les parois de la cornue du contact du métal et élève la température par la combinaison de l'oxygène avec le carbone et les autres corps mêlés au fer.

L'appareil Bessmer, donnant de très-hautes températures, peut donner des aciers très-peu carburés et par suite très-doux.

Il peut donner des aciers homogènes, réguliers dans leur composition et leurs qualités physiques, qui supportent bien la haute température nécessaire pour un bon martelage et les variations, souvent considérables, du corroyage et du recuit.

Mais il donne souvent des soufflures, parce qu'il contient beaucoup de gaz que le refroidissement rapide de la surface retient au centre.

L'acier au creuset n'a pas de soufflures.

Il donne des contractions moins fortes et s'étire plus régulièrement que l'acier Bessmer.

Mais il est moins homogène et supporte moins facilement le martelage à très-haute température. Il subit dans ses propriétés physiques, avec le corroyage et le recuit, des modifications plus profondes que le métal Bessmer très-peu carburé. Il présente assez souvent des criques transversales, produites par un chauffage ou un refroidissement trop rapide.

5. Les lingots d'acier coulés en prismes de hauteur

double ou triple de leur largeur, ou en courts troncs de pyramide avec masselotte, seront rechauffés entre le jaune et le blanc, étirés sous le marteau et amenés, par le forgeage, à des dimensions un peu supérieures à leurs dimensions définitives.

Ils seront ensuite recuits et soumis un jour ou deux dans des fours au rouge naissant, puis refroidis très-lentement.

Quoique l'acier fondu possède déjà à l'état de lingot une ténacité assez grande, cette ténacité s'accroît beaucoup par le forgeage à chaud, qui augmente la densité, fait disparaître les soufflures et détruit la structure cristalline.

Pour avoir un bon martelage, il faut prolonger le chauffage, afin d'amener la chaleur au centre du métal, pousser la chaleur aussi haut que la nature de l'acier le permet et exercer sur le lingot une compression très-énergique.

Lorsqu'on forge un gros lingot de métal dur, la compression du marteau ne se transmettant qu'à une faible distance de la surface, la zone directement frappée subit l'étirage, tandis que le centre du lingot demeure intact. Il n'y a plus homogénéité et la ténacité moyenne peut être diminuée.

On atténue ce défaut par l'emploi d'un marteau double et on peut le corriger par l'emploi d'une presse hydraulique ou d'un marteau de très-grand poids, une pression lente, mais forte, agissant mieux sur l'intérieur du métal que le choc trop rapide d'un marteau de faible poids.

L'usine Krupp emploie, pour le forgeage des lingots destinés à ses canons, un marteau de 60 tonnes, et la ténacité de ces canons peut être attribuée, pour une bonne part, à l'énorme compression exercée par ce lourd marteau.

6. Les canons de grand calibre doivent être formés de plusieurs tubes concentriques, parce qu'il est difficile d'obtenir, sous les grandes épaisseurs, des tubes d'acier d'une résistance assurée.

On peut d'ailleurs, en donnant aux divers tubes un serrage convenablement gradué, amener les couches externes à participer plus énergiquement aux efforts des couches internes et obtenir un ensemble qui présente une résistance supérieure à celle d'un tube unique de même épaisseur, formé d'acier d'égale qualité.

Les tubes extérieurs étant, à cause de leur grand diamètre, ceux qu'il est le moins facile d'obtenir, d'ajuster et de placer, on peut très-utilement leur substituer des rangs de frettes, dont la fabrication et la mise en place seront beaucoup plus faciles et moins coûteuses.

Les plus grands canons peuvent être ainsi formés de deux tubes et de deux rangs de frettes.

Le tube intérieur occupera toute la longueur de l'âme. Il paraît utile de ne pas diviser la surface de l'âme, le joint des deux parties pouvant faciliter la formation d'une fissure et déterminer une surface de rupture.

Le second tube, plus court que le premier, sera placé en retraite sur l'avant.

Le premier rang de frettes sera aussi en retraite sur le second tube, et le second rang en retraite sur le premier.

Si le canon se chargeant par la culasse est fermé par un verrou transversal, on percera la mortaise du verrou dans les tubes, et l'on arrêtera le frettage à l'avant de la mortaise.

S'il est fermé par une vis longitudinale, il sera utile de prolonger le frettage jusqu'à l'arrière, pour compenser, par sa résistance, l'affaiblissement qui résulte de l'accroissement du diamètre intérieur.

L'épaisseur maxima du tube intérieur et de chacun des deux rangs de frettes sera égale aux trois dixièmes du calibre. L'épaisseur maxima du second tube sera égale aux six dixièmes du calibre. L'épaisseur totale, autour de la chambre, sera de un calibre et demi.

On diminuera un peu l'épaisseur de l'avant de chaque tube et de chaque rang de frettes, pour éviter les variations trop brusques de l'épaisseur totale.

L'épaisseur du canon décroîtra ainsi régulièrement, du fond de la chambre à la bouche, et sera en chaque partie à peu près proportionnelle à la pression maximum que cette partie doit supporter.

Pour les canons de moins grande puissance, on peut réduire le rapport de l'épaisseur totale au calibre et réduire en même temps le nombre des tubes et des rangs de frettes.

Pour les calibres inférieurs à 24 centimètres, on peut supprimer au moins un rang de frettes et former le canon de deux tubes concentriques enveloppés par un seul rang de frettes.

Pour les canons de siége et de place, on peut supprimer le second tube et former la bouche à feu d'un seul tube fretté.

Pour les canons de campagne, on peut supprimer le tubage et le frettage, former le canon d'un seul tube et ne conserver que la frette porte-tourillons.

L'épaisseur maxima des canons de campagne devant être à peu près égale à leur calibre, et leur calibre ne pouvant varier que de 6 à 9 centimètres, il sera toujours facile d'obtenir, sous cette faible épaisseur, des tubes dont la résistance soit assurée.

Le frettage et le tubage peuvent d'ailleurs diminuer la résistance au lieu de l'augmenter, lorsque le serrage est trop grand ou trop petit.

Les limites entre lesquelles il doit être maintenu étant très-voisines, et leur intervalle étant à peu près proportionnel au calibre, il paraît difficile d'assurer au serrage des tubes de petit calibre l'extrême précision qui serait nécessaire pour donner à leur ensemble une résistance au moins égale à celle d'un tube unique de même épaisseur.

Quel que soit le calibre du canon, pour que l'action du marteau sur toutes ses parois soit plus facile, plus complète et plus égale, il est bon que les tourillons ne soient pas coulés avec le canon, mais portés par une frette qui sera placée sur la pièce après le tournage.

Cette frette peut être placée à chaud avec un faible serrage ou vissée à froid sur le canon.

Si elle est vissée, on aura soin de donner aux filets un sens opposé au sens de la rotation que la pression du projectile sur les rayures tend à imprimer au canon.

7. Les tubes destinés à former les canons seront chauffés au rouge et trempés à l'huile après avoir été dégrossis.

La trempe à l'huile paraît modifier très-utilement la texture du métal; elle en change souvent l'aspect : un grain irrégulier, entremêlé de facettes, est remplacé par un grain fin et égal.

L'allongement et le travail de rupture sont un peu diminués; mais la charge de rupture et la limite d'élasticité sont considérablement augmentées. Le métal devient plus tenace et plus dur.

La limite d'élasticité de l'acier non trempé étant de 25 kilogrammes, la ténacité de 50 kilogrammes, et l'allongement de 20 pour 100, la trempe pourra porter la limite d'élasticité à 39 kilogrammes, la ténacité à 60 kilogrammes, et réduire l'allongement à 17 pour 100.

Le travail de rupture sera ainsi diminué d'environ un dixième et la souplesse du métal un peu diminuée ; mais cette diminution n'ira pas jusqu'à la roideur, et sera largement compensée par une augmentation du cinquième de la résistance.

8. Les tubes seront dégrossis à l'extérieur et grossièrement forés avant la trempe. Pour accélérer l'opération, on substituera le forage annulaire au forage central. Si la culasse doit être fermée par un verrou transversal, la mortaise du verrou sera dégrossie avant la trempe.

Le canon sera tourné, alésé, rayé et ciselé, comme l'étaient les canons de bronze. Les difficultés résultant de la dureté du métal pourront être en partie compensées par la simplicité des formes extérieures.

Il sera utile de polir soigneusement l'âme du canon, les dégradations produites par le tir ayant habituellement pour origine les stries, les broutements ou les traits d'outil.

L'âme des canons allemands est polie comme un miroir, et la parfaite régularité ainsi donnée à leur surface intérieure est à bon droit considérée comme une des causes de leur très-grande justesse.

Il est probable que les premiers canons d'acier, fabriqués en France seront très-coûteux, mais on peut espérer qu'après la création de l'outillage spécial que peut nécessiter l'emploi de l'acier, le prix de revient des canons d'acier sera peu supérieur et peut-être inférieur au prix des canons de fonte ou de bronze, la fabrication de l'acier étant entrée depuis vingt ans dans une voie de progrès constants et rapides, qui peut donner en même temps l'amélioration du métal et la diminution des frais de production.

Mode de chargement.

9. Le chargement par la culasse, à forcement complet, paraît préférable à tout autre mode de chargement, parce que cette disposition donne des vitesses initiales plus constantes, des trajectoires d'une tension plus régulière et des écarts moins considérables en hauteur et en portée. Cet avantage est essentiel, les buts sur lesquels doit tirer l'artillerie de campagne ayant beaucoup moins de hauteur que de largeur.

Quand le projectile n'est pas forcé, l'espace laissé libre entre le projectile et le canon donne passage à des quantités de gaz variables d'un coup à l'autre, et la variation de l'étendue ou de la disposition du vent ne fait pas varier seulement le poids des gaz et de la poudre perdus, mais aussi la tension et la température des produits de la combustion.

Les variations de l'action de la poudre, ainsi produites par le vent, déterminent des variations correspondantes de la vitesse initiale, de la hauteur et de la portée. L'expérience démontre que ces variations sont considérables. La vitesse initiale est beaucoup moins régulière quand le projectile n'est pas complétement forcé.

Si l'on compare, par exemple, les canons de campagne allemands et belges chargés par la culasse aux canons français et anglais chargés par la bouche, on trouve que l'écart moyen des vitesses initiales, déduit de la mesure des portées, est d'environ $0^m,77$ pour les canons allemands et belges, de 2 mètres pour les canons français, et de 1 mètre pour les meilleurs canons anglais chargés par la bouche.

L'écart moyen vertical, à 2000 mètres, est de 2 mètres pour le canon de 4 allemand, de 7 mètres pour le canon de 4 français, et de 4 mètres pour les canons anglais.

L'écart moyen vertical, à 3000 mètres, est de 5^m,8 pour le canon de 4 allemand, de 27 mètres pour le canon de 4 français, et de 7 mètres pour les canons anglais.

Le tir des canons chargés par la culasse est aussi plus juste en direction; mais la différence est moins grande, et l'avantage est moins important, l'écart moyen de direction étant pour tous ces canons inférieur à la largeur des buts sur lesquels ils doivent habituellement tirer.

Le forcement donne, avec un même poids de poudre, une vitesse initiale plus grande et une trajectoire plus tendue. La perte de poudre due au vent, dans les canons qui se chargent par la bouche, est à peu près le cinquième du poids de la charge, et la perte de vitesse qui en résulte est à peu près le dixième de la vitesse initiale.

Cet avantage du forcement n'est pas aussi grand qu'il paraît l'être, parce que la perte de poudre qui diminue la vitesse initiale diminue aussi, dans le même rapport, la tension des gaz et l'effort que les parois de l'âme ont à supporter.

On peut toujours donner au projectile non forcé la même vitesse initiale et la même tension de trajectoire qu'au projectile forcé, en augmentant la charge du cinquième de son poids, sans avoir à augmenter ni l'épaisseur ni le poids du canon.

Il suffirait d'augmenter la dépense de poudre pour rétablir l'équilibre entre les deux systèmes, si l'on ne considérait que la vitesse initiale moyenne et la trajectoire moyenne ; mais il n'en est pas de même si l'on tient compte de l'amplitude des oscillations de la vitesse et de la trajectoire réelles autour de leurs moyennes, cette amplitude étant beaucoup diminuée par la suppression du vent; et l'on peut dire que l'avantage essentiel du forcement n'est pas dans l'augmentation de la vitesse initiale, mais dans la diminution des variations de cette vitesse.

Le vent est nuisible à la conservation de l'âme, parce que les molécules gazeuses qui passent entre le projectile et le canon, étant animées d'une très-grande vitesse et traversant un passage étroit, entraînent peu à peu les molécules métalliques qui forment les parois de ce passage.

L'obturation de l'âme est, pour ce motif, utile à la conservation de la pièce; mais cet avantage est beaucoup moins grand pour les canons de campagne que pour les canons de grand calibre, la pression et la force vive des gaz étant à peu près proportionnelles au calibre dans des canons semblables et semblablement disposés.

Le chargement par la culasse est plus facile et plus rapide que le chargement par la bouche. La différence est peu sensible en rase campagne, mais elle est considérable quand le canon est placé derrière un épaulement, une muraille ou un bordage de navire.

Les canons qui se chargent par la culasse ne sont pas en tous points supérieurs aux canons qui se chargent par la bouche. Ils sont plus lourds, plus compliqués, plus difficiles à entretenir et plus faciles à dégrader.

La fabrication de leurs projectiles nécessite l'emploi de deux métaux : un métal très-dur, tel que la fonte ou l'acier, nécessaire pour renverser ou briser les obstacles, et un métal peu dur, tel que le plomb, le zinc ou le cuivre, nécessaire pour mouler la surface du projectile sur la paroi de l'âme.

Ces projectiles sont difficiles à faire et difficiles à transporter. Leurs dimensions, qui doivent être très-précises, s'altèrent facilement, le métal extérieur étant très-malléable. Les deux métaux sont difficiles à réunir; le métal mou peut se détacher dans le tir et encrasser les parois de l'âme ou projeter en avant de la pièce des éclats dangereux.

Malgré ces inconvénients, il paraît utile d'adopter le chargement par la culasse à forcement complet, afin d'avoir plus de justesse en hauteur, point actuellement essentiel, parce que tous les canons existants ont plus de justesse en direction et beaucoup moins de justesse en hauteur qu'il n'est nécessaire d'en avoir.

Fermeture et obturation.

10. Les divers modes de fermeture de culasse actuellement employés peuvent être caractérisés par l'une des trois dispositions générales suivantes : le verrou transversal, la vis longitudinale, et le piston longitudinal, maintenu par un cylindre transversal.

Le verrou transversal est généralement préféré au piston longitudinal, parce qu'il est plus solide et plus facile à manœuvrer. Les deux systèmes sont depuis longtemps employés par l'artillerie allemande, et le premier est actuellement substitué au second dans tous les canons adoptés en Allemagne, en Suisse et en Russie.

Le verrou transversal paraît aussi préférable à la vis longitudinale, parce que le premier mode de fermeture oppose au recul du verrou une large surface de métal et une grande épaisseur, tandis que le second n'oppose au recul de la vis que quelques filets de faible surface et de faible épaisseur, qui ne peuvent même pas toujours se soutenir les uns les autres, la précision des ajustages n'étant jamais assez parfaite pour que les filets de la vis portent tous très-exactement sur les filets de l'écrou.

Le verrou transversal a, de plus, l'avantage de pouvoir être maintenu dans le canon pendant le chargement, le projectile et la charge passant par une ouverture convenablement disposée vers son extrémité.

La vis et le piston, placés suivant l'axe, ne peuvent

2.

au contraire être maintenus dans le canon pendant le chargement et doivent reposer sur un support spécial à ajouter au canon ou à l'affût.

Ce support étant habituellement mobile autour d'une charnière fixée sur le canon, la fermeture arrive obliquement dans son logement, et la vis, ainsi placée, peut se fausser parce qu'elle mord à faux sur ses filets, si on la tourne sans l'avoir placée exactement dans la direction de son écrou.

11. Quel que soit le mode de fermeture employé, la fermeture, pour être facile à construire et à manœuvrer, ne peut être exactement adaptée aux parois de la chambre, et les interstices, laissés entre la chambre et la fermeture, doivent être fermés pendant le tir par un système spécial d'obturation.

L'obturation est habituellement obtenue par un culot flexible joint à la cartouche, ou par un corps élastique pressé par une tête métallique mobile, ou par une coupole ou un anneau métallique qui sont indépendants de la cartouche et ne sont remplacés qu'après un certain nombre de coups.

Le culot flexible joint à la cartouche, et renouvelé à chaque coup, parait préférable, comme obturateur, aux têtes mobiles, aux coupoles et aux anneaux métalliques indépendants de la cartouche ; mais l'emploi du culot obturateur ne se concilie pas facilement avec l'emploi du verrou transversal.

Il faut en effet que ce culot soit assez malléable et assez tenace pour fléchir sans se rompre sous l'effort des gaz, et s'appliquer exactement sur l'arrière de la chambre et l'avant du verrou dont il doit fermer hermétiquement les joints. Il faut en outre qu'il puisse se détacher du verrou assez facilement pour ne pas gêner son mouvement lorsqu'on ŏuvre la culasse. Il faut enfin qu'il puisse être détaché et extrait de l'âme assez rapidement pour ne pas ralentir le tir.

Le culot obturateur des canons de campagne belges et le *Presspahnboden* des canons de campagne prussiens sont en carton; mais la charge maxima de ces canons ne dépasse pas 700 grammes, et ces culots ne fonctionnent pas toujours bien.

Le *Presspahnboden* est souvent considéré comme inférieur au *Kupferliederung*, anneau obturateur en cuivre, logé dans la plaque du coin d'avant, ayant pour profil un triangle rectangle dont l'hypoténuse est placée en arrière et en dedans. Cet anneau lui-même est considéré comme inférieur à l'anneau Broadwell, qui lui a été substitué dans les canons de la Russie, de la Suisse et de l'Allemagne du Sud.

12. Nous appliquerons au canon projeté le verrou transversal à double coin, adopté dans les canons prussiens des derniers modèles, et nous emploierons comme obturateur l'anneau Broadwell.

La chambre sera fermée par un verrou transversal, formé de deux coins placés dans une mortaise ouverte au milieu de la culasse, normalement à l'axe du canon.

L'obturation sera obtenue par une rondelle en acier, encastrée dans le coin d'avant, et un anneau élastique en cuivre, appuyé en arrière sur la rondelle, et engagé en avant dans une fraisure ouverte à l'arrière de la chambre.

Cette disposition permet de laisser l'obturateur à poste fixe dans le canon sans gêner le passage du chargement; mais elle nécessite un accroissement de diamètre à l'arrière de la chambre, et augmente ainsi la surface que la culasse présente à l'action des gaz, les difficultés de manœuvre de la fermeture et les chances de déculassement.

Dans le canon projeté, le diamètre intérieur étant de 77 millimètres dans la chambre et de 97 millimètres dans le logement de l'obturateur, la surface que la culasse présente à l'action des gaz est augmentée de plus de moitié par l'ouverture de ce logement.

L'emploi de l'obturateur fixe et du verrou, malgré ce désavantage, donne généralement de bons résultats, et peut être considéré comme une solution très-admissible; mais il ne doit pas être considéré comme une solution complète, et il y aurait probablement utilité à rechercher les moyens de concilier le culot obturateur avec le verrou transversal.

Rapports du poids de la charge et du projectile.

13. En augmentant le rapport du poids de la charge au poids du projectile, on augmente la vitesse initiale et la tension de la trajectoire. En augmentant la tension de la trajectoire, on augmente la justesse et la portée : on augmente le nombre des ricochets, et l'on diminue leur hauteur; on augmente l'étendue des zones dangereuses et l'on diminue les écarts de hauteur résultant des erreurs de l'appréciation des distances.

La tension de la trajectoire a de tels avantages que si l'on compare les trajectoires de plusieurs canons tirant sous le même angle à la charge maxima que chacun d'eux est destiné à supporter, on peut considérer la tension de la trajectoire de chacun d'eux comme la mesure de ses qualités balistiques.

Si, en augmentant la charge, on a l'avantage d'augmenter la vitesse initiale et la tension de la trajectoire, on a aussi l'inconvénient d'augmenter la pression des gaz de la poudre et les efforts que le canon et l'affût ont à supporter, et l'on est, par suite, contraint d'augmenter l'épaisseur du métal, le poids de la pièce et le poids de l'affût. On est aussi contraint, pour utiliser plus complétement l'effet de la charge, d'augmenter la longueur de l'âme et d'ajouter encore, pour ce motif, au poids du canon.

Les variations de la vitesse initiale sont, toutes choses égales d'ailleurs, à peu près proportionnelles aux variations de la racine carrée de la charge, pour les charges moyennes. Elles sont un peu plus rapides pour les petites charges et un peu moins rapides pour les grandes.

Les variations de la portée, qui sont à peu près proportionnelles aux variations du carré de la vitesse initiale, sont, par suite, proportionnelles aux variations du poids de la charge pour les charges moyennes. Elles sont un peu plus rapides pour les petites charges et un peu moins rapides pour les grandes.

Les variations de poids de la pièce et de l'affût, nécessitées par les variations de la charge, leur sont à peu près proportionnelles et, contrairement à ce qui se produit pour les variations de la vitesse et de la portée, elles sont moins rapides pour les petites charges et plus rapides pour les grandes.

De là résulte que, si l'augmentation de la charge a plus d'avantages que d'inconvénients pour les petites charges, elle a plus d'inconvénients que d'avantages pour les grandes, et qu'il existe entre les petites et les grandes une certaine valeur de la charge pour laquelle la différence entre les avantages et les inconvénients est un maximum.

L'expérience de plusieurs siècles ayant conduit les artilleurs de toutes les puissances à fixer le maximum de la charge normale des canons lisses de campagne au tiers et le minimum au quart du poids du boulet, on peut admettre que cette valeur de la charge, pour laquelle la différence entre les avantages et les inconvé-

nients est un maximum, était certainement comprise
entre ces deux limites, adoptées par tous, indépendam-
ment de toute théorie préconçue.

On ne voit pas *a priori* pourquoi ces limites, consa-
crées par l'expérience, n'auraient pas convenu aux canons rayés, et nous pensons qu'en effet la charge normale de tous les canons de campagne, lisses ou rayés,
devrait être comprise entre ces deux limites, réduites,
s'il y a lieu, des quantités de poudre ajoutées à la partie
utile de la charge par la diminution ou la suppression
du vent.

La vitesse initiale des canons lisses variait de 450 à
500 mètres par seconde. Le vent minimum était habituellement le cinquantième du calibre ; la demi-différence des
lunettes de réception était le centième du calibre. Le
vent effectif moyen était ainsi égal aux trois centièmes
du calibre, et la perte de vitesse qu'il occasionnait, étant
égale au rapport du vent et du calibre, multiplié par
1450, était à peu près la dixième partie de la vitesse
initiale. En admettant que les variations de la vitesse
sont proportionnelles aux variations de la racine carrée
de la charge, ce qui est très-sensiblement exact pour les
charges et les vitesses des canons de campagne, on voit
facilement que la perte de vitesse due au vent moyen
représentait une perte de poudre égale au cinquième du
poids de la charge.

On est ainsi conduit à admettre que, dans les canons
de campagne à forcement complet, le rapport du poids
de la charge au poids du projectile doit être compris
entre la limite supérieure de un tiers moins un quin-
zième ou quatre quinzièmes, et la limite inférieure de un
quart moins un vingtième ou un cinquième.

Si l'on examine les divers canons rayés construits en
Europe depuis 1859, on voit que le poids de la charge,

fixé d'abord au septième du poids du projectile, et abaissé pour quelques-uns jusqu'au douzième, est ensuite remonté graduellement, et se trouve actuellement fixé au sixième pour les derniers et les meilleurs canons existants.

Nous pensons que cette marche ascendante doit se continuer, et nous ne croyons pas être trop audacieux en proposant d'adopter la moyenne des deux limites indiquées par l'expérience des canons lisses, et de fixer le poids de la charge aux vingt-quatre centièmes du poids du projectile.

Poids du canon et du projectile.

14. Nous pensons que le nombre des canons de l'artillerie de terre devrait être, autant que possible, réduit à trois.

L'un, très-léger, pouvant être conduit partout et porté au besoin à dos de mulet, serait limité au poids maximum de 100 kilogrammes. Il remplacerait le canon de montagne actuel et n'en porterait pas cependant le nom, parce que, si ce genre de canon est particulièrement nécessaire dans la guerre de montagne, il peut être aussi fort utile dans un grand nombre de circonstances de la guerre de campagne, pourvu qu'on sache et qu'on veuille s'en servir.

Le second canon, destiné au service habituel de campagne, remplacerait, dans l'artillerie de division et de réserve, les canons rayés de 4 et de 12, comme le canon obusier de 12 avait remplacé les canons lisses de 8 et de 12.

Pour qu'il pût marcher aux allures vives et passer sur tous les terrains, il faudrait que la charge moyenne des chevaux fût limitée à 300 kilogrammes. Le poids total de la pièce, avec son avant-train et ses munitions, serait ainsi limité à 1200 kilogrammes, si la pièce était attelée à quatre chevaux, et à 1800 kilogrammes si elle était attelée à six. Nous admettrons que l'attelage, formé habituellement de six chevaux au début de la guerre, sera très-souvent réduit à quatre après l'entrée en campagne ; et, pour que la pièce puisse être très-facilement enlevée par six chevaux à toutes les allures, et marcher facilement au besoin avec quatre chevaux, nous prendrons la moyenne des deux limites habituellement indiquées pour les deux modes d'attelage, et nous limiterons son poids au maximum de 1500 kilogrammes.

Le troisième canon, destiné au service des siéges et à la défense des places, devrait être traîné facilement par huit chevaux en terrain ordinaire. Le poids total du canon, de l'affût et de l'avant-train, serait limité à 4000 kilogrammes.

Le second canon, le canon de campagne proprement dit, celui dont nous faisons le projet, devant tirer aux vingt-quatre centièmes du poids du projectile, si nous lui supposons, comme il est naturel de le faire, un projectile de poids intermédiaire entre le 4 et le 8, si nous le supposons en acier et si nous lui donnons les épaisseurs nécessaires pour résister à la tension des gaz et la longueur d'âme nécessaire pour utiliser l'effet de la charge, doit être, ainsi que nous le verrons, du poids d'environ quatre-vingt-dix-huit projectiles.

La pièce, devant manœuvrer au besoin sans caisson, doit avoir un approvisionnement minimum de 40 coups. La charge étant les vingt-quatre centièmes du poids du projectile, cet approvisionnement représente un poids d'à peu près cinquante projectiles.

On peut admettre, comme poids minimum pour l'affût, l'avant-train, les roues et le coffre, le poids adopté pour le canon de 4 de campagne, poids que l'on pourra conserver en substituant au bois la tôle d'acier, mais qu'on ne pourrait probablement diminuer sans compromettre la solidité qui n'est pas toujours suffisante. On aura ainsi, pour poids minimum de l'affût, 232 kilogrammes, de l'avant-train, 135 kilogrammes, des roues, 280 kilogrammes, du coffre, 89 kilogrammes.

Le poids total de la pièce étant limité à 1500 kilogrammes, il reste, pour le canon et les munitions, un poids maximum disponible de 764 kilogrammes, qui doit représenter au moins cent quarante-huit fois le poids du projectile.

On est ainsi conduit à fixer le poids du projectile à 5 kilogrammes, le poids de la charge à $1^{kg},2$, le poids du canon à 480 kilogrammes, et le poids total de la pièce à 1476 kilogrammes.

Le poids ainsi obtenu pour le projectile est exactement la moyenne des poids des deux boulets des canons lisses de campagne.

Le rapport du poids de la charge au poids du projectile étant de vingt-quatre centièmes, avec forcement complet, représente assez exactement le rapport employé dans les canons lisses de 8 et de 12, avec un vent moyen égal aux trois centièmes du calibre, et doit donner une vitesse initiale à peu près égale à celle de ces canons.

Le poids du canon est un peu inférieur à la moyenne des poids des deux canons de 4 et de 12 rayés de campagne.

CHAPITRE II.

MODE DE FORCEMENT DU PROJECTILE.

Modes de forcement.

15. Dans les premiers essais de canons rayés, le projectile et le canon étant en fonte, la direction du projectile était obtenue par l'appui du métal dur du projectile sur le métal dur de l'âme, sans interposition d'aucun métal malléable.

Dans les canons de bronze, le métal de l'âme ne pouvant longtemps résister à l'appui direct de la fonte, la direction du projectile fut obtenue au moyen d'ailettes ou tenons en métal malléable, guidés par des rayures pratiquées dans l'âme.

Pour préserver l'âme du contact de la fonte, on lui donna un diamètre un peu supérieur à celui du projectile, et l'on augmenta la saillie des tenons, de telle sorte que la fonte du projectile fût complétement isolée de l'âme.

La même disposition fut ensuite appliquée aux canons en fonte et aux canons en acier.

Le zinc laminé, qui est très-malléable, était le métal le plus habituellement employé pour les tenons avec les canons en bronze.

Dans les canons en fonte ou en acier, l'âme étant plus résistante, on put substituer au zinc des métaux moins malléables, tels que le bronze ou le cuivre.

Cette substitution était nécessaire pour les canons de grande puissance, la température des gaz étant dans ces canons assez élevée pour déterminer la fusion du zinc.

Dans les canons qui se chargent par la culasse, on a pu substituer aux ailettes des manteaux ou des ceintures de métal malléable qui se forcent dans les rayures, et l'on a pu obtenir ainsi le forcement complet du projectile et l'obturation complète de l'âme.

Le plomb, le zinc, le laiton et le cuivre sont les métaux qu'on emploie le plus souvent pour les manteaux et les ceintures. Le plomb, qui est le plus malléable, est celui qu'on a le plus employé.

Chacune des dispositions et chacun des métaux employés a ses avantages et ses inconvénients.

Appui direct sur l'âme.

16. L'appui direct du métal dur du projectile sur le métal dur de l'âme a été très-habilement employé dans les canons du système Withworth.

L'âme de ces canons a pour section un hexagone dont les angles sont arrondis par des arcs de cercle ; elle peut être considérée comme engendrée par le mouvement de cet hexagone, qui s'avancerait de la culasse à la bouche, parallèlement à l'axe du canon, en tournant autour de cet axe.

La section et la disposition du projectile sont, sur la plus grande partie de sa longueur, semblables à celles de l'âme, la forme de l'avant et de l'arrière étant d'ailleurs variable, suivant la nature du service auquel le projectile est destiné.

Le projectile, étant appuyé sur l'âme par de grandes surfaces de métal très-résistant, est très-solidement maintenu.

On peut, par suite, lui donner un mouvement de rotation très-rapide, et comme la longueur du projectile
doit, toutes choses égales d'ailleurs, être à peu près proportionnelle à sa vitesse de rotation, on peut augmenter
beaucoup sa longueur et réduire beaucoup son calibre.

On peut aussi utiliser les formes effilées de l'arrière,
qui peuvent beaucoup augmenter la régularité du mouvement dans l'air, mais peuvent aussi beaucoup diminuer la régularité du mouvement dans l'âme, lorsque le
projectile n'est pas très-solidement maintenu.

Le système Withworth peut être facilement appliqué
aux canons qui se chargent par la culasse, et plus facilement encore aux canons qui se chargent par la bouche.
Cet avantage n'est pas sans importance, le chargement
par la bouche pouvant présenter, pour les canons de
campagne, des avantages sérieux au point de vue de la
simplicité et de la facilité du service et de l'entretien.

Le métal dur du projectile portant directement sur
l'âme, le canon ne peut être fait qu'en acier, et en acier
très-résistant.

Le canon et le projectile doivent être exécutés avec
une grande précision; cette condition nécessaire de leur
emploi est l'inconvénient le plus souvent reproché à ce
système.

La précision nécessaire peut cependant être obtenue
au moyen de machines assez simples, et n'est pas d'ailleurs sensiblement plus grande que celle qui sera nécessaire à tout autre système donnant la même justesse
de tir.

Le vent du projectile étant très-faible, et la direction
du projectile bien assurée, le tir est très-juste en direction.

Mais les vitesses initiales, les hauteurs et les portées sont moins régulières que dans les canons à forcement complet.

Le projectile conserve cependant très-bien sa vitesse, sa forme étant favorable à la pénétration, et sa surface ne présentant aucune saillie qui puisse gêner son mouvement.

Le canon Withworth est au moins égal en justesse à tous les autres canons qui se chargent par la bouche. Il est inférieur en justesse à quelques-uns des canons qui se chargent par la culasse; mais il est supérieur à tous les canons existants par la conservation de la vitesse du projectile et par l'étendue des portées.

Malgré les avantages obtenus par l'appui direct du projectile sur l'âme, nous n'adopterons pas cette disposition, parce que nous nous sommes surtout proposé d'augmenter la justesse en portée, ce que nous espérons obtenir plus facilement par le forcement complet du projectile et l'obturation complète de l'âme.

Mais nous ne prétendons pas donner cette espérance comme certaine et nous pensons qu'il ne serait pas prudent d'adopter aucun canon se chargeant par la culasse, sans l'avoir comparé au canon Withworth, afin de reconnaître si la supériorité de justesse qu'on se propose d'obtenir est réelle et assez grande pour compenser les inconvénients que présente actuellement le chargement par la culasse.

Tenons.

17. La direction du projectile, au moyen de tenons de métal malléable, guidés par des rayures pratiquées dans l'âme, a l'avantage de pouvoir s'appliquer facilement au chargement par la culasse et au chargement par la bouche.

Elle peut être appliquée à des canons formés d'un métal peu élastique, tel que le bronze, qui ne pourrait supporter l'appui direct du métal dur du projectile.

Mais elle a l'inconvénient de laisser subsister le vent du projectile et de donner, par suite, des vitesses, des hauteurs et des portées dont la régularité est beaucoup inférieure à celle que l'on peut obtenir avec des canons à forcement complet.

Elle a de plus l'inconvénient de nécessiter des rayures profondes qui diminuent beaucoup la résistance du canon.

L'emploi des tenons ne paraît pouvoir être actuellement utilisé que dans les canons qui se chargent par la bouche, et sont en métal peu résistant.

Si le canon se chargeant par la bouche est en acier, l'appui direct du projectile sur l'âme est préférable à l'emploi des tenons. Il maintient mieux le projectile; il permet d'accélérer sa rotation, d'augmenter sa longueur, de réduire son calibre, et de lui donner des formes plus favorables à la conservation de sa vitesse.

Si le canon doit se charger par la culasse, quel que soit le métal dont il est formé, les chemises et les ceintures sont préférables aux tenons, parce qu'elles permettent d'obtenir le forcement complet du projectile et l'obturation complète de l'âme.

Ceintures obturatrices.

18. La direction du projectile par des enveloppes en métal malléable, forcées dans les rayures, est le système actuellement employé dans presque tous les canons qui se chargent par la culasse.

Si l'enveloppe forme autour du projectile un seul anneau continu, elle est habituellement appelée *chemise* ou *manteau*.

Si elle est divisée en deux ou plusieurs anneaux, répartis sur la longueur du projectile, on donne le nom de *ceinture* à chacun de ces anneaux.

Le profil longitudinal du manteau et des ceintures est habituellement découpé par des rainures, et les saillies conservées entre ces rainures sont appelées *nervures* ou *couronnes*.

Le fond des rainures, étant de diamètre au plus égal au calibre de l'âme, glisse sur la surface intérieure des cloisons, dirige la translation du projectile, maintient son axe sur l'axe de l'âme, et préserve le canon du contact de la fonte ou de l'acier du projectile.

Les couronnes, étant de diamètre un peu supérieur au calibre de l'âme, s'engagent dans les rayures, reçoivent l'empreinte des cloisons, s'appuient sur les parois forçantes des rayures et déterminent ainsi le mouvement de rotation du projectile.

Pour assurer la direction de l'axe du projectile, on donne habituellement au fond des rainures un diamètre exactement égal au calibre de l'âme.

Pour assurer le forcement complet du projectile et l'obturation complète de l'âme, on donne aux couronnes un diamètre maximum au moins égal à celui du fond des rayures.

On peut utilement donner au manteau une longueur à peu près égale à celle de la partie cylindrique du projectile. Mais on doit donner aux couronnes une longueur beaucoup moindre, afin de ne pas présenter aux cloisons un trop grand volume de métal à écraser.

Quel que soit le nombre des couronnes, leur longueur totale doit être réglée par la condition de présenter aux parois forçantes des rayures une surface d'appui dont la résistance soit égale à la pression maximum exercée par le projectile sur ces parois.

La longueur des couronnes sera ainsi inversement proportionnelle au nombre des rayures, à leur profondeur, et à la ténacité du métal dont les couronnes sont formées.

Le forcement d'une enveloppe malléable ainsi disposée peut assurer très-complétement la direction du projectile dans le canon.

Cette disposition a l'avantage de maintenir le projectile sur tout son pourtour, et d'empêcher le passage des gaz entre le projectile et le canon.

Elle a l'inconvénient de demander à la bouche à feu non-seulement la direction, mais la déformation du projectile, et d'augmenter ainsi les chances de dégradation de l'une et de l'autre.

Le passage du projectile présente aux cloisons un assez grand volume de métal à écraser, et peut causer au canon une fatigue dangereuse.

La pression des parois forçantes des cloisons peut détacher sur les couronnes des aiguilles longues et nombreuses qui, restant couchées sur le projectile pendant le parcours de l'âme, sont écartées et redressées au sortir de l'âme par le mouvement de rotation, et forment autour du projectile une auréole très-nuisible à la conservation de sa vitesse.

Malgré ces inconvénients, nous dirigerons le projectile dans l'âme par une enveloppe malléable forcée dans les rayures, parce que cette disposition, assurant le forcement complet du projectile et l'obturation complète de l'âme, permet d'obtenir des vitesses initiales plus régulières, et un tir plus juste en hauteur et en portée.

Longueur d'appui.

19. La surface d'appui, par laquelle le projectile est dirigé dans les rayures, est égale à la longueur de l'appui des ceintures sur les parois forçantes, multipliée par la profondeur et par le nombre des rayures.

L'étendue qu'il est nécessaire de donner à cette surface étant déterminée par le rapport de la pression des parois forçantes à la ténacité du métal de la surface du projectile, on a encore à déterminer la valeur de chacun des trois facteurs dont elle est le produit.

La profondeur des rayures doit être réduite autant que possible, parce que les rayures forment dans le canon des lignes de rupture d'autant plus dangereuses qu'elles sont plus profondes.

Le nombre des rayures est limité par le rapport de la circonférence de l'âme à la somme des largeurs qu'il est nécessaire de donner à la rayure et à la cloison.

La largeur de la cloison doit être assez grande pour empêcher l'arrachement de la cloison que la pression du projectile tend à détacher du reste de l'âme.

La largeur de la rayure doit être assez grande pour empêcher l'arrachement de la saillie conservée sur le projectile entre les cloisons, saillie que la pression des parois forçantes tend à détacher du reste du projectile.

Le nombre des rayures, qui est l'un des trois facteurs, étant ainsi limité et la profondeur des rayures, qui est le deuxième facteur, devant être aussi petite que possible, pour conserver à la surface d'appui l'étendue nécessaire, il faut augmenter, autant qu'on le peut, le troisième facteur, qui est la longueur d'appui des ceintures sur les parois forçantes.

20. Si l'on augmente la longueur d'appui, on a l'avantage de mieux assurer la direction du projectile. Mais on a l'inconvénient d'allonger la partie cylindrique du projectile et de raccourcir la partie conique ou ogivale, qu'il est nécessaire de conserver à l'avant pour faciliter le mouvement dans l'air et dans tous les milieux résistants.

La longueur d'appui, ainsi limitée par la forme de l'avant, est aussi limitée, quand la surface d'appui doit se forcer sur les cloisons, par la condition de ne pas leur donner un trop grand volume de métal à écraser.

L'accroissement de ce volume augmente l'effort que les cloisons ont à supporter, retarde le mouvement du projectile et détermine par ce retard une augmentation du maximum de densité et de tension des gaz de la charge.

Elle peut être aussi limitée par l'augmentation de dépense résultant de l'accroissement du volume des ceintures. Cette augmentation peut être considérable avec un métal coûteux, tel que le cuivre.

La longueur d'appui est d'ailleurs limitée, si la rayure n'est pas hélicoïdale, par la condition de ne pas déterminer un effort de torsion exagéré qui pourrait déranger la direction du projectile et dégrader les surfaces d'appui.

L'effort de torsion que produit la variation de l'inclinaison de la rayure est d'autant plus grand et la longueur d'appui doit être d'autant plus faible que la vitesse est plus grande, l'âme plus courte et la rayure plus inclinée.

Disposition des ceintures.

21. La pression exercée par chaque rayure sur le projectile et le frottement qu'elle détermine donnent généralement trois composantes : la première normale à l'axe et au rayon de l'âme, la seconde parallèle à l'axe, et la troisième dirigée suivant le rayon.

Soient :

F, A, R ces trois composantes ;

m la masse du projectile ;

M le moment d'inertie pris par rapport à l'axe de figure ;

M′ le moment d'inertie pris par rapport à un axe transversal passant par le centre de gravité ;

l et l' les deux rayons de gyration ;

r le rayon de l'âme ;

d la distance du centre de gravité à la section transversale sur laquelle agit la pression de la rayure.

La composante, normale à l'axe et au rayon, F, qui détermine la rotation du projectile autour de son axe de figure, tend aussi à produire une rotation autour d'un axe transversal passant par le centre de gravité.

L'accélération de rotation angulaire qu'elle détermine est $\dfrac{\mathrm{F}r}{\mathrm{M}}$ ou $\dfrac{\mathrm{F}r}{ml^2}$ pour le premier mouvement, et $\dfrac{\mathrm{F}d}{\mathrm{M}'}$ ou $\dfrac{\mathrm{F}d}{ml'^2}$ pour le second.

La composante, parallèle à l'axe, A, qui retarde la translation et diminue son accélération de $\dfrac{\mathrm{A}}{m}$, tend à produire une rotation autour d'un axe transversal passant par le centre de gravité dont l'accélération est $\dfrac{\mathrm{A}r}{\mathrm{M}'}$ ou $\dfrac{\mathrm{A}r}{ml'^2}$.

La composante, dirigée suivant le rayon, R, tend à produire une translation normale à l'axe, dont l'accélération est $\dfrac{\mathrm{R}}{m}$, et une rotation autour d'un axe transversal passant par le centre de gravité, dont l'accélération est $\dfrac{\mathrm{R}d}{\mathrm{M}'}$ ou $\dfrac{\mathrm{R}d}{ml'^2}$.

22. Si les rayures, disposées symétriquement par rapport à l'axe de l'âme, exercent sur le projectile des efforts égaux, symétriquement disposés et assez faibles pour ne déterminer aucune déformation, la translation parallèle à l'axe et la rotation autour de cet axe se produisent seules, l'accélération de chacun des autres mouvements étant annulée par une accélération égale et contraire.

Mais comme les pressions des rayures ne sont jamais exactement égales et sont souvent assez grandes pour déformer les surfaces d'appui, les actions déviatrices produites par les rayures ne se font jamais équilibre, et les déviations latérales qu'elles déterminent ne sont jamais complétement annulées.

On peut les réduire, en appuyant le projectile sur l'âme par une ceinture unique, de peu de longueur, placée à hauteur du centre de gravité.

Cette disposition, plaçant le centre d'action de chaque rayure sur la section transversale qui passe par le centre de gravité, annule les accélérations déviatrices $\dfrac{Fd}{M}$ et $\dfrac{Rd}{M'}$ que déterminent l'effort tangentiel et l'effort suivant le rayon.

Mais elle a l'inconvénient de laisser passer les gaz de la charge entre l'âme et le projectile, jusqu'à une faible distance du centre de gravité.

Les pressions des gaz ainsi engagés ne sont jamais symétriques par rapport à l'axe et peuvent donner des déviations latérales plus grandes que celles qu'on supprime en portant la ceinture à hauteur du centre.

23. Pour diminuer cette action déviatrice des gaz, il paraît utile de placer l'arrière des ceintures près du culot et de leur donner un diamètre un peu supérieur à celui du fond des rayures.

En éloignant du centre de gravité l'appui des rayures, on augmente les accélérations déviatrices qu'elles peuvent déterminer; mais on peut facilement réduire et limiter ces accélérations, en opposant à la ceinture de l'arrière une ceinture semblable placée à l'avant.

On oppose ainsi à toute action déviatrice exercée sur l'une des ceintures une action contraire exercée sur la ceinture opposée.

Les déviations angulaires du projectile et l'amplitude de ses battements sont par là beaucoup réduites, et sont d'autant plus faibles que les ceintures sont plus écartées.

24. Afin de diminuer les déplacements résultant pour chaque ceinture des efforts que subit la ceinture opposée, il sera utile de régler leurs distances au centre de gravité, de telle sorte que le centre de chacune d'elles soit pour l'autre un centre de percussion.

Il faut et il suffit pour cela que le produit des distances de chaque ceinture au centre de gravité soit égal au carré du rayon de gyration pris par rapport à un axe transversal passant au centre de gravité.

On peut vérifier expérimentalement cette disposition sur le projectile terminé, en le suspendant par l'un des diamètres de l'une des ceintures et mesurant la durée de l'oscillation du pendule ainsi formé.

Cette durée doit être égale à celle des oscillations d'un pendule simple dont la longueur serait égale à la distance des deux ceintures.

25. Si l'on augmente le nombre et la longueur des ceintures, on augmente l'étendue et la résistance des surfaces d'appui; on a l'avantage de mieux assurer la direction du projectile.

Mais on augmente aussi le volume de métal que les cloisons ont à écraser, et par l'accroissement de ce volume on augmente l'effort supporté par les cloisons; on retarde le mouvement du projectile, et l'on peut déterminer un accroissement du maximum de pression des gaz.

On peut obvier à ces inconvénients et employer sans danger des ceintures nombreuses et longues, en les divisant par un grand nombre de petites rainures, et donnant au fond de ces rainures un diamètre égal à celui de l'âme entre les cloisons.

Cette disposition, ne présentant à la surface intérieure des cloisons que des arêtes aiguës, donne peu de métal à écraser.

Elle donne, cependant, un appui solide au projectile, parce qu'elle présente au flanc directeur de la cloison une surface très-longue, dont la continuité se trouve à peu près rétablie par le refoulement du métal que les cloisons ont à déplacer.

Par la diminution du volume du métal à écraser, elle facilite le départ du projectile et diminue le danger des excès de pression qui se produisent à l'origine du mouvement.

Elle diminue aussi le nombre et la grandeur des aiguilles qui se produisent habituellement sur les ceintures et retardent le mouvement du projectile dans l'air.

Par l'augmentation de la surface d'appui que la ceinture présente au flanc directeur, elle assure la résistance de cette surface et empêche l'arasement.

En allongeant les ceintures et en les creusant de nombreux sillons, on augmente la partie utile et l'on diminue la partie nuisible du forcement.

26. Ces dispositions ne peuvent être complétement utilisées avec la rayure parabolique, parce que la variation de l'inclinaison de la rayure détermine, sur la surface d'appui de la paroi forçante, un effort de torsion d'autant plus grand que cette surface est plus longue.

Mais si l'on ne peut, avec la rayure parabolique, donner une grande longueur à la partie des ceintures qui s'engage dans les rayures et reste en saillie sur les cloisons, on peut, avec cette rayure aussi bien qu'avec la rayure hélicoïdale, allonger la surface par laquelle le projectile s'appuie sur les cloisons, et limiter ainsi les déviations angulaires et l'amplitude des battements dans l'âme.

Et si les saillies des ceintures, si les couronnes destinées à recevoir des flancs directeurs le mouvement de rotation ne peuvent avoir une grande longueur, on compensera le défaut d'étendue de la surface d'appui par l'emploi d'un métal plus résistant.

27. En résumé, on peut avec la rayure hélicoïdale employer des ceintures très-longues, divisées par un grand nombre de petites rainures, qui pourront être en métal très-malléable.

Leur diamètre extérieur sera un peu supérieur à celui du fond des rayures et leur diamètre au fond des rainures égal à celui de l'âme entre les cloisons.

La rotation sera déterminée par les saillies des ceintures, et la translation dirigée par la surface du fond des rainures.

Avec la rayure parabolique, on doit déterminer la rotation par une seule ceinture de faible longueur en métal résistant, dont le diamètre sera un peu supérieur à celui du fond des rayures, et diriger la translation par d'autres ceintures, aussi longues et aussi écartées qu'on les pourra faire, dont le diamètre sera égal à celui de l'âme entre les cloisons.

Métal.

28. Le métal à employer pour le forcement du projectile doit être, autant que possible, malléable, dense, facile à conserver, facile à employer, et d'un prix peu élevé.

La partie des ceintures placée sous les cloisons doit être refoulée par la pression des cloisons dans les rayures. Il faut qu'elle puisse y passer et s'y mouler, sans se déchirer ni s'arracher et sans opposer aux cloisons une trop grande résistance.

Le métal des ceintures doit, par suite, être malléable. Il faut qu'il puisse se déformer beaucoup sans se rompre et se déformer facilement sous une faible pression.

Si le métal est très-malléable, la facilité avec laquelle il cède, diminue la fatigue résultant pour l'âme des pressions exercées par le projectile et assure la conservation du canon.

Un métal peu malléable, admissible dans les canons en métal très-élastique, ne pourrait être admis sans inconvénient dans les canons en bronze. Il dégraderait l'âme et diminuerait la justesse du tir.

Un métal très-malléable peut être employé pour le forcement du projectile dans les canons en bronze aussi bien que dans les canons en fonte ou en acier.

L'emploi d'un métal très-malléable a l'avantage de réduire les variations du forcement que déterminent les variations des dimensions des ceintures et les inconvénients qui résultent du défaut de précision de ces dimensions.

Avec un métal plus résistant, une faible augmentation du diamètre des ceintures peut augmenter beaucoup la fatigue de l'âme, et inversement une faible diminution des dimensions peut diminuer beaucoup l'appui donné au projectile, parce qu'elle représente une plus grande partie de la surface d'appui qui, sur le métal résistant, doit être beaucoup moindre.

Avec un métal très-malléable, les tolérances nécessaires de la fabrication ont beaucoup moins d'influence, et l'on peut donner aux ceintures un diamètre assez sensiblement supérieur à celui du fond des rayures pour assurer complétement l'obturation, sans compromettre aucunement la résistance du canon.

29. Si l'emploi d'un métal malléable a des avantages, il a aussi des inconvénients.

La surface d'appui des ceintures sur les parois forçantes étant déterminée par le rapport de la pression des parois forçantes à la ténacité du métal des ceintures, si ce métal est très-peu tenace, on doit augmenter la surface d'appui et l'on est par suite obligé d'augmenter, ou la longueur des ceintures, ou le nombre des rayures, ou leur profondeur.

On augmente aussi l'étendue des saillies, que la surface du projectile présente au sortir de l'âme, et la résistance qu'elles opposent au mouvement dans l'air.

On peut aussi augmenter le nombre et la longueur des aiguilles, qui se produisent souvent sur la surface d'appui des ceintures et forment autour du projectile une auréole nuisible à la conservation de sa vitesse.

La malléabilité du métal des ceintures rend leur dégradation plus facile et nécessite plus de précautions dans les transports.

Elle peut diminuer les effets de pénétration. Le métal malléable, refoulé par un milieu résistant, absorbe en se déformant une partie de la force vive du projectile et diminue sa puissance. Il peut aussi former autour du projectile un bourrelet qui augmente le diamètre de l'ouverture à percer et la résistance du milieu à traverser.

30. Si le métal des ceintures est très-dense, il augmente la densité moyenne du projectile, et, comme il est placé à l'extérieur de la surface cylindrique, il augmente surtout la densité des parties les plus éloignées de l'axe de figure.

Le moment d'inertie du projectile par rapport à cet axe pouvant être ainsi beaucoup augmenté, l'emploi de ceintures en métal très-dense permet d'augmenter la force vive de rotation et d'assurer la direction de l'axe du projectile, sans augmenter ni sa vitesse de rotation, ni sa masse, ni l'épaisseur de ses parois.

31. Si le métal des ceintures est très-fusible, il est plus facilement attaqué par les gaz de la poudre ; mais il est aussi plus facile à appliquer sur le projectile, et il peut être d'ailleurs assez complétement préservé de l'action des gaz, quand l'obturation de l'âme est bien assurée.

Plomb.

32. Le plomb, étant le métal le plus malléable, est celui qu'on a le plus souvent employé pour le forcement des projectiles.

On l'a d'abord fixé sur le projectile en manteaux épais maintenus par des encastrements profonds.

Cette disposition ne donnant pas un maintien suffisant, et l'adhérence obtenue ne se conservant pas assez bien, on a substitué aux manteaux épais des manteaux minces, d'une épaisseur de $1^{mm},5$ à 3 millimètres, maintenus par une simple soudure.

Le plomb ne se soudant pas bien à la fonte lorsqu'il est appliqué directement, on interpose une couche très-mince d'alliage de zinc et d'antimoine, sur laquelle se soude très-bien le plomb allié d'un peu de zinc et d'étain.

Le plomb ainsi employé présente une adhérence très-suffisante. L'opération est assez simple et peu coûteuse.

La forme extérieure peut être aisément obtenue, ou directement par le moulage ou après le moulage par le tour.

La fusibilité du plomb, qui rend son application facile, peut être un inconvénient dans le canon ; mais cet inconvénient est faible si le plomb est disposé de telle manière que l'obturation soit complète. Il n'en serait pas ainsi dans le cas contraire. Les filets de gaz qui se glisseraient entre l'âme et le projectile creuseraient des sillons dans le plomb.

Le plomb, étant très-malléable, a l'inconvénient de nécessiter des surfaces d'appui de grande étendue. Il ne peut, pour ce motif, être utilement employé avec la rayure parabolique.

Si la vitesse imprimée au projectile est très-grande et la rayure très-inclinée, il peut se faire qu'en donnant au plomb sur le projectile toute l'étendue dont on peut disposer, on n'arrive pas cependant à obtenir une surface d'appui suffisante pour compenser le défaut de ténacité du métal.

On peut être ainsi conduit à limiter l'inclinaison des rayures, comme l'ont fait les Allemands, à 4 degrés, et par suite, à limiter la longueur du projectile au calibre.

Le plomb, nécessitant une grande surface d'appui, peut aussi donner des aiguilles longues et nombreuses qui forment autour du projectile, au sortir de l'âme, une auréole nuisible à la conservation de sa vitesse.

La grande malléabilité du plomb rend les dégradations plus faciles et nécessite plus de précautions dans les transports.

Elle diminue aussi les effets de pénétration. Le plomb, refoulé par le milieu résistant, forme autour du projectile un bourrelet qui augmente le diamètre du trou à percer et la résistance du milieu à traverser, tandis que la déformation du plomb absorbe une partie du travail utile et diminue la force vive du projectile.

Le plomb, ayant les inconvénients d'une grande malléabilité, en a aussi les avantages.

Une augmentation de dimensions, qui, avec un métal très-élastique, déterminerait une grande augmentation du forcement, accroîtrait la pression des gaz et le travail du canon, aura avec le métal malléable des effets beaucoup moins considérables.

Une diminution des dimensions, qui donnerait avec un métal très-élastique une grande diminution du forcement et de la vitesse initiale, ne produira avec le plomb que des variations beaucoup plus faibles.

Une augmentation du diamètre ne déterminant avec le plomb qu'une faible augmentation du forcement, on pourra, sans aucun danger, donner au plomb un diamètre assez sensiblement supérieur à celui du fond des rayures et assurer plus complétement l'obturation.

La malléabilité du métal, lui permettant de mieux se mouler sur l'âme, facilitera encore l'obturation; elle permettra aussi de le forcer régulièrement sans difficulté, de telle sorte qu'on puisse l'amener toujours à la même distance du fond de l'âme et corriger aisément, par de petites variations de la pression exercée sur le culot, les erreurs de dimensions résultant de la fabrication.

La densité du plomb étant très-grande, son emploi a l'avantage d'augmenter la densité moyenne du projectile et le moment d'inertie par rapport à l'axe de figure.

L'augmentation du moment d'inertie pourra être assez grande, le plomb étant appliqué sur l'extérieur du cylindre, qui est la partie la plus éloignée de l'axe.

Cette augmentation sera très-utile pour accroître la

force vive de rotation et assurer la direction de l'axe du projectile, sans qu'il soit nécessaire d'augmenter ni la vitesse de rotation, ni la masse du projectile, ni l'épaisseur de ses parois.

Cuivre.

33. Le cuivre est un des métaux qui paraissent le mieux convenir à la fabrication des ceintures.

Il est très-peu fusible, il a une ténacité assez grande et une élasticité assez faible, et, comme il s'écrouit sous la pression initiale des cloisons, il présente vers la bouche une augmentation de résistance utile.

La ténacité du cuivre est à peu près huit fois plus grande que celle du plomb.

Les ceintures en cuivre peuvent être par suite, à profondeur de rayures égale, huit fois plus courtes que celles du plomb.

Le cuivre est, par suite, beaucoup plus aisément applicable que le plomb à la rayure parabolique. Il est aussi plus applicable à des rayures inclinées et peut certainement être employé avec des inclinaisons de 8 degrés.

Donnant une surface d'appui huit fois moindre que le plomb, il donne des aiguilles moins longues et moins nombreuses.

Mais il a l'inconvénient d'exiger dans son emploi une précision beaucoup plus grande.

Une erreur de dimensions, se produisant sur une ceinture en cuivre, a les mêmes inconvénients qu'une erreur de dimensions huit fois moindre se produisant sur une ceinture en plomb.

Pour rétablir l'égalité sous ce rapport, il faudrait que la tolérance, qui pour le plomb pourra être fixée à un dixième de millimètre, pût être réduite pour le cuivre à un quatre-vingtième de millimètre, ce qui est impossible.

Le cuivre a, en outre, l'inconvénient d'être coûteux.

Il ne peut être posé à chaud, parce que la chaleur le rend aigre et cassant.

On peut le placer à froid dans des alvéoles creusées au tour sur la fonte du projectile.

Foré dans ces alvéoles, à coups de marteau ou par l'action de plusieurs mattoirs conduits par une machine, il sera ensuite amené à sa forme définitive par le tour.

Allié en proportions convenables avec du zinc ou de l'étain, le cuivre pourrait former des laitons ou des bronzes assez malléables pour donner le forcement et assez fusibles pour être facilement coulés dans les alvéoles.

On pourrait peut-être aussi les placer à chaud, en les maintenant par un léger serrage dans des alvéoles très-peu profondes.

Le diamètre de la ceinture avant le chauffage étant un peu inférieur à celui du fond de son alvéole, la dilatation due à la chaleur compensera la différence et permettra la mise en place, tandis que le serrage résultant du refroidissement assurera le maintien de la ceinture, malgré le peu de profondeur de son alvéole.

Si l'accélération de rotation et la pression des rayures n'étaient pas très-grandes, on pourrait employer comme ceinture un fil de cuivre de faible diamètre, fixé par une de ses extrémités recourbée dans une cavité creusée au fond de l'alvéole, enroulé sur le tour et maintenu par la soudure de ses deux extrémités.

Cette disposition serait facile et peu coûteuse; mais elle ne réussirait probablement pas avec des vitesses très-grandes ou des rayures très-inclinées.

Disposition proposée.

34. Les inconvénients résultant de la très-grande malléabilité du plomb paraissent à peu près compensés par les avantages résultant de cette malléabilité.

La fusibilité peut être sans danger si l'obturation est suffisamment assurée.

Le prix est peu élevé, l'application est facile.

La densité très-grande permet d'augmenter dans un assez grand rapport la densité moyenne, et dans un rapport beaucoup plus grand le moment d'inertie du projectile par rapport à son axe.

Pour ces motifs, il paraît utile d'essayer d'abord le forcement du projectile dans l'âme par un manteau en plomb.

Ce manteau sera mince ; son épaisseur sera fixée à $1^{mm},5$. Il sera soudé sur la surface cylindrique de la fonte du projectile par le procédé adopté depuis plusieurs années par l'artillerie anglaise, et actuellement appliqué en France à la fabrication des obus de 7.

Le projectile, porté au rouge sombre, est plongé dans une dissolution de sel ammoniac, qui décape la surface ; il passe ensuite dans un bain de zinc allié avec de l'antimoine, puis dans un bain de plomb allié avec du zinc et de l'étain pour lui donner plus de dureté.

Le projectile étant ensuite placé dans un moule en fonte, on verse autour de lui la matière du dernier bain, qui se relie efficacement à la première couche mince retenue par le zinc.

Les projectiles anglais et les obus français de 7 sont ensuite passés sur le tour ; mais ce dernier travail ne paraît pas nécessaire. On peut obtenir par la fusion une précision suffisante.

4

Nous ferons la rayure hélicoïdale pour pouvoir donner une grande longueur aux surfaces d'appui, et nous en profiterons pour étendre le manteau de plomb sur presque toute la longueur de la partie cylindrique du projectile.

L'arrière du manteau sera placé à 10 millimètres du culot.

Le manteau portera dix couronnes divisées par neuf rainures.

La surface du fond des rainures devant diriger la translation, le diamètre au fond des rainures sera égal au diamètre de l'âme entre les cloisons.

Les couronnes, devant s'engager dans les rayures et déterminer la rotation, auront un diamètre à peu près égal à celui du fond des rayures.

Pour assurer l'obturation, nous donnerons à la ceinture arrière un diamètre maximum supérieur de $0^{mm},5$ à celui du fond des rayures.

L'intérieur du canon étant formé de deux cylindres raccordés par un tronc de cône dont les génératrices sont inclinées sur l'axe au cent-vingtième, et le projectile devant être logé dans ce tronc de cône, pour assurer le centrage et l'obturation au départ, nous donnerons à la surface extérieure des couronnes la forme d'un tronc de cône dont les génératrices seront inclinées sur l'axe au cent-vingtième.

L'arrière de la première couronne étant placé sur ce tronc de cône, nous donnerons au profil de cette couronne une inclinaison un peu différente, pour la raccorder sans ressaut avec l'ogive qui formera la pointe du projectile, et supprimer ainsi à l'avant toute saillie nuisible au mouvement dans l'air.

35. La vitesse de translation n'étant pas exagérée,

l'inclinaison finale des rayures étant limitée à l'angle de 5 degrés, maximum de l'inclinaison adoptée pour les canons allemands, le nombre des rayures étant augmenté par rapport au calibre, et la longueur d'appui étant très-grande, on peut espérer que la pression des rayures soit assez faible, et l'étendue de la surface assez grande pour compenser le défaut de résistance du métal et assurer la direction du projectile.

On pourra d'ailleurs compenser l'usure du plomb et assurer le maintien par les deux côtés des saillies conservées sur les couronnes entre les cloisons, en donnant aux cloisons d'abord une hauteur régulièrement croissante depuis l'origine des rayures jusqu'à une certaine distance du fond, et, en outre, une largeur graduellement croissante de l'origine à la bouche.

Si les résultats espérés ne se réalisaient pas, il serait facile de suppléer au défaut de direction résultant du défaut de résistance du plomb, en ajoutant au projectile une petite ceinture en cuivre qui servirait surtout à diriger la rotation.

On pourrait ainsi, sans doute, réunir les avantages essentiels de l'emploi de ces deux métaux, et spécialement la solide direction qu'on peut obtenir avec le cuivre, et la grande augmentation du moment d'inertie et de la force vive de rotation qu'on peut obtenir avec le plomb.

4.

CHAPITRE III.

OBUS.

Charge intérieure.

36. Il paraît utile de donner à tous les projectiles une charge intérieure de poudre, pour ajouter aux effets du choc les effets de l'éclatement; mais le poids de cette charge ne doit être qu'une faible partie du poids du projectile, parce que la substitution de la poudre à la fonte, dont la densité est sept fois plus grande, diminue la densité moyenne du projectile, la conservation de sa vitesse dans l'air et la tension de sa trajectoire.

Si la charge remplit complétement le vide intérieur et diffère très-peu de la charge minimum de rupture, les effets d'éclatement sont obtenus par une diminution de la densité moyenne aussi petite qu'elle peut l'être.

Si la charge est de beaucoup supérieure à la charge nécessaire pour l'éclatement, la densité moyenne du projectile est sensiblement diminuée, mais le nombre et la vitesse des éclats peuvent être utilement augmentés.

L'augmentation de la charge intérieure est surtout utile pour les projectiles arrêtés au moment de l'explosion ou animés de très-faibles vitesses, pour les projectiles lancés sous de très-grands angles qui s'enterrent au point de chute, et pour les projectiles destinés à faire brèche dans des murs épais ou à bouleverser des épaulements.

Elle est moins utile dans le tir de campagne que dans le tir de siége ou de place, les projectiles de campagne étant le plus souvent tirés sous de petits angles et animés de grandes vitesses au moment de l'explosion.

Même dans les tirs sous les grands angles, l'augmentation de la charge intérieure des obus de campagne ajoute peu à l'effet de l'éclatement ; les limites imposées à l'augmentation de la charge par les faibles dimensions du projectile ne lui permettent pas de donner, après le travail dépensé pour ouvrir le sol dans lequel il pénètre le plus souvent, le travail nécessaire pour produire des effets meurtriers.

Le rapport du poids de la charge intérieure au poids total du projectile est généralement de $\frac{1}{20}$ pour les bombes et les obus sphériques. Il est en France de $\frac{1}{20}$ pour l'obus oblong de 4, et de $\frac{1}{23}$ pour l'obus oblong de 12. Il varie de $\frac{1}{16}$ à $\frac{1}{19}$ pour les canons de campagne anglais, et de $\frac{1}{17}$ à $\frac{1}{20}$ pour les canons de campagne belges. Il a été réduit à $\frac{1}{25}$ pour les obus oblongs de l'Allemagne et de la Russie.

Les obus russes et allemands, contenant moins de poudre, donnent un moins grand nombre d'éclats ; mais ces éclats étant plus lourds conservent mieux leur vitesse. Le culot et les gros fragments que donne l'ogive, conservant généralement la direction de l'obus, prolongent très-utilement la zone dangereuse, et suppléent ainsi, dans une certaine mesure, aux effets meurtriers que donnait le tir roulant des projectiles sphériques. La dispersion latérale des éclats est moindre ; mais la largeur de la zone dangereuse est plus grande, et cet avantage est essentiel, le tir étant toujours beaucoup moins juste en portée qu'en direction.

Nous adopterons pour ces motifs la disposition adoptée en Allemagne et en Russie, et nous fixerons à $\frac{1}{25}$ le rapport du poids de la charge intérieure au poids de l'obus.

Poids, volume et densité.

37. Le poids total du projectile étant de 5000 grammes, le poids de la charge intérieure de poudre sera ainsi fixé à 200 grammes.

Le poids de la fusée étant d'environ 190 grammes, il reste pour le plomb et la fonte environ 4610 grammes.

Le poids du mince manteau de plomb qui entourera le projectile, devant être à peu près le cinquième du poids de la fonte ou le sixième du poids de l'obus vide, sera d'environ 765 grammes, et il restera pour le poids de la fonte à peu près 3845 grammes.

La densité de la poudre légèrement tassée dans le projectile étant d'environ 1,1, la charge intérieure, qui doit peser 200 grammes, occupe à peu près 182 centimètres cubes.

Le volume de la fusée est d'environ 24 centimètres cubes.

La densité du plomb étant de 11,35, le manteau de plomb, qui doit peser 765 grammes, occupe environ 67 centimètres cubes.

La densité de la fonte étant de 7,2, la fonte de l'obus, qui doit peser 3845 grammes, occupe 534 centimètres cubes.

Le volume total de l'obus est ainsi de 807 centimètres cubes, et sa densité moyenne est $\frac{5000}{807} = 6,2$.

Forme extérieure.

38. La disposition qu'il parait le plus convenable de donner au projectile pour conserver la direction et la grandeur de sa vitesse dans l'air est celle d'un ellipsoïde de révolution très-allongé, dont l'axe de révolution serait le grand axe, cet ellipsoïde étant terminé à l'avant et à l'arrière par deux pointes ogivales et animé au sortir de l'âme d'une translation dirigée suivant son grand axe, et d'une rotation rapide autour de cet axe.

Le profil ainsi donné au projectile serait à peu près semblable au profil de la quille des bateaux à grande vitesse.

La disposition la plus convenable pour diriger le mouvement du projectile dans le canon serait celle d'un cylindre ayant pour diamètre le calibre de l'âme.

Pour concilier autant que possible les avantages de ces deux dispositions et assurer la régularité du mouvement du projectile dans l'âme et dans l'air, nous lui donnerons la forme d'un cylindre terminé à l'avant par une pointe ogivale très-allongée.

Forme de l'avant.

39. La forme effilée de l'avant est nécessaire pour diminuer la résistance de l'air et conserver la grandeur et la direction de la vitesse. Les projectiles dont l'avant présente un large méplat ou une calotte sphérique de grand rayon, comme les boulets cylindriques de la marine et les obus oblongs actuellement réglementaires pour les canons de 4 et de 12, perdent rapidement leur vitesse dans l'air, et donnent un tir très-inférieur comme portée et comme justesse à celui des boulets ogivaux.

Cette infériorité, peu marquée sous les très-petits angles, s'accentue rapidement lorsque l'angle de tir augmente. Les boulets cylindriques de 24 centimètres tirés sous l'angle de 15 degrés s'arrêtent à 4600 mètres et perdent toute justesse. Les boulets ogivaux de même calibre tirés sous l'angle de 15 degrés ont une portée moyenne de 6400 mètres. Ils arrivent à 11 000 mètres sous l'angle de 45 degrés, et ont encore à cette distance des écarts de portée et de direction inférieurs à ceux que donnent les boulets cylindriques tirés sous l'angle de 15 degrés.

De l'ensemble des expériences faites jusqu'à présent en France et en Angleterre, il paraît résulter qu'en augmentant la hauteur et le rayon de l'ogive on a toujours augmenté la justesse et la portée. Nous adopterons pour ce motif la plus grande valeur donnée dans ces essais au rapport de la hauteur de l'ogive et du calibre, et nous fixerons la hauteur de l'ogive à un calibre et demi.

Si nous appelons a le calibre, h la hauteur et r le rayon de l'ogive, que nous ferons tangente au cylindre, nous aurons

$$r = \frac{a^2 + 4h^2}{4a}, \quad h = \frac{3}{2}a,$$

et nous en déduirons

$$r = \frac{5}{2}a.$$

Le rayon de l'ogive sera ainsi fixé à deux calibres et demi.

Nous pouvons d'ailleurs effiler l'avant sans diminuer sensiblement la régularité du mouvement dans l'âme, les gaz n'agissant que sur l'arrière du projectile et le cylindre de l'arrière pouvant donner une surface d'appui assez grande pour le maintenir.

Forme de l'arrière.

40. La forme effilée de l'arrière est certainement favorable à la régularité du mouvement dans l'air; mais elle

diminue généralement la régularité du mouvement dans l'âme, parce qu'elle expose le projectile à des déviations et à des oscillations violentes, produites par les ricochets des molécules gazeuses qui heurtent successivement le pourtour de l'arrière du projectile et les parois de l'âme.

Ces déviations sont surtout marquées pour les grandes charges et pour les poudres lentes, l'action directe des grains de poudre non comburés s'unissant probablement alors à celle des gaz.

Les projectiles dont l'arrière est effilé naviguent bien, mais ils s'embarquent mal. Ils marchent bien dans l'air lorsqu'ils sont lancés dans une direction très-voisine du premier élément de leur trajectoire. Ils donnent alors une assez sensible augmentation de la portée, une petite augmentation de la justesse et une grande diminution de la dérivation.

Mais ils sont très-difficiles à diriger dans le canon, et ne peuvent être utilisés que dans le cas où le projectile est maintenu sur les parois de l'âme par des surfaces très-résistantes et très-étendues.

Le système Withworth, appuyant le projectile sur l'âme par de grandes surfaces très-résistantes, est, jusqu'à présent, le seul qui ait pu utiliser les formes effilées de l'arrière.

Dans le système que nous projetons, le projectile s'appuyant sur l'âme par une surface malléable, et devant être lancé par une forte charge de poudre très-dense à gros grains, il paraît prudent d'augmenter la surface d'appui du projectile sur l'âme, et de régulariser, autant qu'on le peut, l'action des gaz, en donnant à l'arrière du projectile la forme d'un cylindre terminé par un culot plat.

Longueur et calibre.

44. Le volume et la forme générale du projectile étant ainsi fixés, il ne reste plus à déterminer que le rapport de sa longueur à son calibre, pour fixer ses dimensions extérieures.

Si l'on augmente ce rapport en allongeant le projectile, on a l'avantage de diminuer la résistance que l'air oppose à son mouvement; mais les projectiles allongés ne conservent cet avantage que lorsque leur axe de figure s'éloigne très-peu de la direction du mouvement. Il faut donc empêcher les déviations de l'axe de figure, assurer sa stabilité, en donnant au projectile un mouvement de rotation très-rapide autour de cet axe.

D'après l'ensemble des résultats obtenus par l'expérience et par le calcul, la vitesse de rotation de la surface du projectile paraît devoir être à peu près proportionnelle à la longueur du projectile, et inversement proportionnelle au calibre pour les projectiles pleins, et à l'épaisseur des parois de la partie cylindrique pour les projectiles creux.

Si l'on appelle v la vitesse de rotation du projectile, l sa longueur, e l'épaisseur des parois, C représentant un coefficient constant, on doit avoir

$$v = \frac{Cl}{e}, \quad \text{d'où} \quad \frac{ve}{l} = C.$$

Les longueurs étant exprimées en mètres et la seconde prise pour unité de temps, le rapport constant $C = \frac{ve}{l}$ paraît devoir être à peu près égal à 3.

On ne peut, par suite, augmenter le rapport de la longueur au calibre qu'à la condition d'augmenter en même temps ou l'épaisseur des parois ou la vitesse de rotation de la surface.

Le rapport du volume extérieur et du vide intérieur étant déterminé par le rapport des poids et des densités du projectile et de la charge intérieure, l'épaisseur des parois ne peut être augmentée au delà de certaines limites, et sera au plus égale au quart du calibre.

La vitesse de rotation de la surface, qui est égale à la vitesse de translation multipliée par la tangente de l'inclinaison des rayures, ne peut être augmentée que par l'accroissement de cette inclinaison, la vitesse de translation étant déjà déterminée par le rapport des poids de la charge et du projectile.

Mais l'accroissement de l'inclinaison des rayures, favorable à la régularité du mouvement dans l'air, peut être nuisible à la régularité du mouvement dans l'âme et augmenter beaucoup les chances de dégradation de l'âme et du projectile.

Une grande inclinaison est admissible dans le système Withworth, parce qu'il appuie le projectile sur l'âme par de grandes surfaces très-résistantes, et parce qu'il oppose aux grandes pressions exercées sur les parois de grandes épaisseurs de métal d'excellente qualité.

Elle ne peut être admise lorsque le projectile s'appuie sur l'âme par une surface de métal très-malléable comme le plomb.

L'accélération du mouvement de rotation étant trop rapide, le projectile ne pourrait prendre la rayure. Le plomb serait arasé ou arraché.

Nous limiterons, pour ce motif, l'inclinaison des rayures à l'angle de 5 degrés, maximum de l'inclinaison actuellement donnée à la rayure dans les canons allemands.

La vitesse initiale de translation V devant être d'environ

490 mètres, l'inclinaison des rayures étant fixée à 5 degrés, et l'épaisseur des parois e devant être à peu près le quart du calibre, la longueur du projectile exprimée en calibres l sera déterminée par la relation

$$\frac{V.\tang\alpha.e}{l} = 3,$$

d'où

$$l = \frac{V.\tang\alpha.e}{3} = \frac{490.\tang 5°.0,25}{3} = 3,3.$$

Le projectile ayant la forme générale d'un cylindre, terminé à l'avant par une pointe ogivale dont la hauteur est de un calibre et demi, et son volume total étant de 807 centimètres cubes, si nous appelons a le calibre, l la longueur, V le volume, h la hauteur de l'ogive et r son rayon, nous aurons

$$V = \pi \frac{a^2}{4}(l-h) + \frac{1}{3}\pi \frac{a^2}{4}h + \frac{1}{2}r\left(r\arcsin\frac{h}{r} - h\right)$$
$$\times 2\pi\left[\frac{a}{4} + \frac{1}{3}\sqrt{\frac{1}{4}\left(r\arcsin\frac{h}{2}\right)^2 - \frac{1}{2}\left(h^2 + \frac{a^2}{4}\right)}\right],$$
$$h = \frac{3}{2}a, \quad r = \frac{5}{2}a, \quad l = 3,3.a, \quad V = 807^{cc},$$

et nous en déduirons

$$a = 7^c.3, \quad l = 24^c.$$

La longueur du projectile sera ainsi fixée à 24 centimètres, et son calibre à $7^c,3$.

Forme intérieure.

42. Pour assurer la direction de l'axe du projectile par une force vive suffisante donnée au mouvement de rotation, cette force vive étant le produit du carré de la vitesse par le moment d'inertie pris par rapport à l'axe, on peut augmenter la vitesse de rotation en inclinant les rayures, ou augmenter le moment d'inertie en diminuant l'épaisseur à l'arrière et à l'avant aux points voisins de l'axe, pour l'augmenter sur les parois qui sont les parties les plus éloignées de l'axe.

L'augmentation de l'inclinaison des rayures pouvant diminuer la régularité du mouvement dans l'âme et augmenter les chances de dégradation de l'âme et du projectile, il paraît utile d'augmenter autant qu'on le peut le moment d'inertie, et pour ce motif nous porterons le métal sur les parois de la partie cylindrique, autant que nous le pourrons, en réduisant l'épaisseur du projectile à l'arrière et à l'avant.

L'obus sera armé d'une fusée dont la tête formera la pointe de l'ogive. Le corps fileté de la fusée sera vissé dans une lumière taraudée à l'avant de l'obus.

Nous donnerons à la lumière et au corps de fusée 25 millimètres de diamètre et 55 millimètres de longueur, ces dimensions paraissant nécessaires pour loger le mécanisme percutant ou fusant.

Pour réduire autant que possible la tête de la fusée, nous avancerons le méplat de l'obus vers la pointe de l'ogive, autant que nous le pourrons sans trop diminuer l'épaisseur du métal autour de la lumière.

Le diamètre de la lumière étant de 22 millimètres, et le maximum d'épaisseur à conserver sur son pourtour étant fixé à 7 millimètres, le diamètre du méplat de l'obus et de la base de la tête de la fusée sera fixé à 36 millimètres.

La longueur de la fusée sera ainsi de 30 millimètres, et la longueur de l'obus sans fusée sera de 210 millimètres.

Nous donnerons au vide intérieur la forme d'un cy-

lindre. Nous arrondirons l'arête de l'arrière pour augmenter la résistance du culot, et nous raccorderons
l'avant avec la lumière par une surface de révolution
dont le profil sera formé de deux arcs de cercle égaux,
tangents entre eux et tangents aux génératrices des deux
cylindres à raccorder.

Nous réduirons l'épaisseur du culot à 20 millimètres,
minimum de l'épaisseur qui paraît nécessaire pour
assurer sa résistance.

L'obus ayant 210 millimètres de longueur, la lumière
55 millimètres, et le culot 20 millimètres, la longueur du
vide intérieur sera 210 — 75 = 135 millimètres.

La forme et la longueur du vide intérieur étant ainsi
déterminées, nous pouvons exprimer son volume en fonction du diamètre du cylindre intérieur, et, comme ce
volume a été précédemment fixé à 182 centimètres cubes,
nous aurons ainsi une équation de laquelle nous pourrons déduire la valeur du diamètre intérieur.

Le diamètre ainsi calculé est de 44 millimètres.

Le diamètre extérieur du projectile étant fixé à
73 millimètres, l'épaisseur des parois de la partie cylindrique sera de $13^{mm},5$.

Le culot sera percé d'un trou central, destiné à faciliter le moulage, qui sera ensuite taraudé et fermé par un
bouchon en fer fileté.

Cette disposition permettra d'obtenir des surfaces intérieures très-régulières, des épaisseurs exactement égales
aux points homologues, et des obus très-bien centrés.

Disposition de l'obus.

43. L'obus est en fonte. Il porte un manteau mince
de plomb. Il est armé d'une fusée en bronze.

L'extérieur présente un corps cylindrique terminé à

l'avant par une ogive tronquée dans laquelle la lumière est taraudée. La tête de la fusée complète l'ogive.

L'intérieur présente un cylindre dont l'arête postérieure est arrondie et dont l'avant se raccorde avec le cylindre de la lumière par une surface de révolution dont le profil est formé de deux arcs de cercle égaux, tangents entre eux et tangents aux génératrices des deux cylindres à raccorder.

La surface intérieure du manteau de plomb coïncide avec le cylindre du corps de fonte. La surface extérieure présente dix couronnes tronconiques divisées par neuf rainures et se raccorde en avant par une zone sphérique avec la fonte de l'ogive.

L'avant de la première couronne coïncide avec l'arrière de l'ogive. L'arrière de la dixième couronne coïncide avec l'arrière du manteau et s'appuie sur une petite saillie de $0^{mm},5$ que présente le corps de fonte.

La surface extérieure des neuf couronnes d'arrière et l'arrière de la première couronne forment un tronc de cône légèrement incliné sur l'axe d'arrière en avant.

L'inclinaison de ce tronc de cône est de un cent-vingtième. Elle est égale à celle du logement que l'obus occupe dans le canon.

Le diamètre du cylindre intérieur de l'obus a 44 millimètres. Le diamètre extérieur du cylindre de fonte a 70 millimètres. Le diamètre extérieur du manteau de plomb a 73 millimètres au fond des rainures. Il est égal au calibre de l'âme.

Le diamètre maximum des couronnes a $75^{mm},5$ sur la couronne d'arrière, et 74 millimètres sur la couronne d'avant. Le diamètre de l'âme au fond des rayures, étant de 75 millimètres, est inférieur de un demi-millimètre au diamètre de la couronne d'arrière, et supérieur de un millimètre au diamètre de la couronne d'avant.

Chacune des neuf couronnes de l'arrière a 7 millimètres de longueur. La couronne de l'avant a 27 millimètres. Les rainures qui les séparent ont 3 millimètres. La partie ogivale du manteau a 24 millimètres. La longueur totale du manteau est de 141 millimètres.

L'ogive a 191 millimètres de rayon et 114 millimètres de hauteur, dont 31 sur la fusée, 59 sur la fonte et 24 sur le plomb. La naissance de l'ogive est à 127 millimètres du culot.

L'obus sans fusée a 210 millimètres de longueur.

L'obus armé de sa fusée a 240 millimètres.

Le rapport de la longueur au calibre est ainsi de 3,3.

L'ogive a un calibre et demi de hauteur et deux calibres et demi de rayon.

La charge intérieure de poudre pèse 200 grammes.

La fonte pèse 3845 grammes. Le plomb pèse 765 grammes.

La fusée pèse 190 grammes.

Le poids total de l'obus chargé et armé de sa fusée est de 5000 grammes.

CHAPITRE IV.

OBUS A BALLES.

Disposition de l'obus à balles.

44. Nous ferons l'obus à balles entièrement semblable, à l'extérieur, à l'obus ordinaire.

Mais, pour y pouvoir placer un plus grand nombre de balles, nous augmenterons le vide intérieur en diminuant l'épaisseur du culot et des parois.

La fonte habituellement employée pour la fabrication des projectiles n'étant pas toujours assez tenace pour résister aux chocs des gaz sous une faible épaisseur, nous lui substituerons la fonte dure ou l'acier.

Nous pourrons ainsi réduire l'épaisseur du culot à 16 millimètres, et l'épaisseur des parois de l'obus non emplombé à 10 millimètres.

La lumière sera semblable à celle de l'obus ordinaire.

Le vide intérieur sera un cylindre de 50 millimètres de diamètre sur 111 millimètres de longueur, terminé à l'avant par une surface courbe de 53 millimètres de longueur, dont le profil sera formé de deux arcs de cercle : le premier parallèle à l'arc de l'ogive aura 181 millimètres de rayon ; le second tangent au premier et normal à la génératrice de la lumière aura $6^{mm},1$ de rayon.

Pour augmenter la résistance du culot, dans l'obus à balles comme dans l'obus ordinaire, nous arrondirons l'arête postérieure du cylindre. Le profil de l'arrondissement sera un quart de cercle de 5 millimètres de rayon.

Chargement.

45. La vitesse des balles après l'éclatement devant être obtenue par la vitesse restante de l'obus et non par l'action de la charge intérieure, nous réduirons cette charge à la quantité nécessaire pour assurer l'ouverture de l'obus.

Nous conserverons ainsi pour les balles une plus grande partie du vide intérieur, et nous en profiterons pour augmenter leur nombre.

Nous ne placerons pas la charge au milieu des balles, comme on le fait quelquefois pour augmenter la dispersion, cette augmentation nous paraissant plus nuisible qu'utile.

Nous ne placerons pas non plus la charge à l'arrière des balles, comme on le fait quelquefois pour augmenter la vitesse des balles, parce que cette disposition complique beaucoup le chargement et ne donne pas une augmentation de vitesse assez grande pour compenser cet inconvénient.

Nous placerons la charge, comme on le fait dans les obus à balles réglementaires, à l'avant des balles.

Elle se trouvera ainsi vers l'arrière de l'ogive au point le plus faible de l'obus.

Le corps de l'obus sera ainsi probablement séparé de l'avant sans se briser, ou en ne donnant qu'un petit nombre de gros fragments.

Il conservera généralement sa direction, maintiendra celle des balles, et prolongera utilement la zone dangereuse.

Le chargement de l'obus à balles sera formé de 90 balles sphériques en plomb du calibre de l'ancien pistolet de gendarmerie, 55 centimètres cubes de sable,

55 centimètres cubes de soufre, et environ 40 grammes de poudre.

Le vide intérieur a 295 centimètres cubes. Le volume total des 90 balles est d'environ 150 centimètres cubes, leur diamètre moyen étant de $14^{\text{mm}},7$, et leur volume moyen de $1^{\text{cc}},64$. Le sable et le soufre, qui doivent remplir les interstices des balles, occupent 110 centimètres cubes. Il reste ainsi disponibles pour la charge environ 35 centimètres, dans lesquels on pourra placer environ 40 grammes de poudre.

Pour charger l'obus on y introduit d'abord 45 balles, sur lesquelles on verse 55 centimètres cubes de sable sec et fin, pesant environ 85 grammes, et l'on secoue légèrement le projectile pour égaliser la surface et faire glisser le sable dans les interstices des balles. On introduit ensuite dans l'obus les 45 autres balles, et l'on y verse 55 centimètres cubes de soufre fondu, pesant environ 110 grammes. On incline légèrement le projectile en tous sens, pour que le soufre relie les balles entre elles, et, lorsqu'il est refroidi, on achève de remplir l'obus avec la poudre à mousquet.

Le sable introduit dans l'obus a pour objet d'empêcher la déformation des balles au moment du tir, et de faciliter leur dispersion au moment de l'éclatement. Le soufre coulé dans le projectile après l'introduction des balles et du sable forme un diaphragme sur lequel repose la poudre. Il a pour objet de séparer la poudre des balles et du sable, et de maintenir les balles dont le choc pourrait écraser la poudre et produire au moment du tir un éclatement prématuré.

5.

Poids, volume et densité.

46. Le poids de l'obus non emplombé est de 3170 grammes.

Le poids du plomb du manteau et des ceintures est de 765 grammes.

Le poids de l'obus vide taraudé est de 3935 grammes.

Le poids total des 90 balles est de 1728 grammes, leur poids moyen étant de $19^{gr},2$; le poids du sable est d'environ 85 grammes; le poids du soufre est d'environ 110 grammes; le poids de la poudre est d'environ 40 grammes; le poids de la fusée est de 190 grammes.

Le poids total de l'obus à balles chargé et muni de sa fusée est d'environ 6100 grammes.

Le volume total de l'obus est de 807 centimètres cubes.

Sa densité moyenne est de 7,55.

CHAPITRE V.

FUSÉES.

Dispositions proposées.

47. Les projectiles seront tous armés, avant d'être placés dans les coffres, d'une fusée percutante en acier, dont la tête forme la pointe de l'ogive et dont l'emploi n'exige aucune manœuvre spéciale au moment du tir.

La fusée percutante a des effets plus meurtriers que la fusée fusante, parce qu'elle place le point d'éclatement plus près du but. Elle permet de régler le tir, parce qu'elle éclaire le point de chute. Elle est enfin seule possible dans la plupart des circonstances de la guerre, parce que régler la fusée fusante et déboucher ses évents est chose difficile dans un polygone, très-difficile sur un champ de bataille, et absolument impossible lorsque le tir devient rapide et l'action sérieuse.

La fusée percutante paraît devoir être placée même sur les obus à balles, parce que la vitesse conservée par le projectile après le choc est encore très-grande quand l'angle de chute n'est pas très-grand.

Comme on peut d'ailleurs, avec la fusée percutante, placer le point d'éclatement beaucoup plus près des troupes à battre, la vitesse des balles arrivant sur ces troupes sera généralement plus grande avec la fusée percutante qu'avec la fusée fusante.

La perte de vitesse résultant du choc de l'obus à fusée

percutante sera généralement inférieure à la perte de vitesse résultant du chemin beaucoup plus long que les balles ont à parcourir isolément après l'éclatement de l'obus à fusée fusante.

La fusée fusante n'est supérieure à la fusée percutante, même pour l'obus à balles, que dans le cas où le tir est lent et le but bien visible.

Ces conditions, qui se réalisent très-souvent dans la guerre de siége, se réalisent très-rarement dans la guerre de campagne.

Pour utiliser les avantages qu'elles peuvent donner à la fusée fusante, il suffira de placer dans chaque coffre un petit approvisionnement de cinq fusées fusantes, destinées à remplacer, dans ces circonstances exceptionnelles, les fusées percutantes placées à l'avance sur les obus.

Fusée percutante.

48. La fusée percutante dont nous proposons l'essai se compose d'un corps de fusée en acier dont la tête doit compléter l'ogive de l'obus, d'un rugueux en cuivre fixé à l'avant du vide intérieur, d'un marteau en bronze portant une capsule à l'avant et une charge de poudre à l'arrière, d'un bouchon en acier fermant l'arrière du corps de fusée et de deux freins en plomb maintenant le marteau.

Les freins sont assez forts pour résister aux chocs que le projectile est exposé à subir dans les transports ; mais ils sont rompus dans le tir par le choc violent qui se produit au moment du départ.

Le marteau dégagé des freins s'appuie sur le bouchon qui ferme l'arrière de la fusée, jusqu'à ce que l'obus, rencontrant un obstacle, éprouve une perte brusque de vitesse.

Le marteau rejoint alors le rugueux et détermine ainsi l'explosion de la capsule.

Si la résistance des freins est convenablement réglée, l'obus, armé de sa fusée, pourra être placé dans les coffres sans danger d'explosion, et introduit dans le canon sans qu'il soit nécessaire de toucher à la fusée.

La résistance des freins sera très-régulière, s'ils sont en plomb bien pur et de dimensions bien réglées. Elle pourra, d'ailleurs, être aisément mesurée par des expériences de chute faites sur un certain nombre de fusées.

Il se pourrait que les freins en plomb, très-propres à résister à un choc brusque même assez violent, résistassent moins bien à une série longtemps répétée de petits chocs qui les cisailleraient peu à peu.

Si ce danger se présentait dans les expériences, on le préviendrait facilement, en fixant l'arrière du marteau au bouchon par un petit fil de cuivre.

La forme générale de la fusée, la construction, le chargement, le montage et le mode d'épreuve seront à peu près semblables à ceux des mécanismes percutants actuellement en usage dans la marine.

La fusée proposée diffère cependant des mécanismes par plusieurs dispositions essentielles.

Les dimensions et le poids sont beaucoup moindres, la fusée étant destinée à des projectiles beaucoup plus petits.

L'amorce du mécanisme est remplacée par une capsule en cuivre, chargée de fulminate de mercure comprimé en couche très-mince.

Le diamètre des freins de la fusée est plus grand. Cette disposition augmente leur résistance et diminue les chances d'accident. Elle n'empêche pas cependant la rupture des freins dans le tir, l'accélération du mouvement initial du projectile étant plus grande dans les canons de petit calibre.

Le mouvement du marteau vers l'arrière est réglé dans la fusée tout autrement que dans les mécanismes.

Le marteau dans les mécanismes est arrêté avant que les freins soient rompus. Leur rupture doit s'achever par le choc du projectile sur le but, et la sensibilité du mécanisme est ainsi beaucoup diminuée. L'étendue du mouvement du marteau est graduée suivant les calibres et le mode d'emploi des projectiles.

Cette disposition est nécessaire aux obus de la marine, parce qu'ils doivent ricocher sur l'eau sans éclater et frapper le plus souvent dans une direction à peu près normale des obstacles très-résistants.

Dans la fusée destinée au tir de campagne, le mouvement du marteau vers l'arrière n'est arrêté qu'après la rupture complète des freins, et se trouve ainsi complétement libre au départ.

Cette disposition augmente la sensibilité de la fusée et assure un éclatement rapide au point de chute.

Fusée fusante.

49. Pour que la fusée fusante puisse être vraiment utile, il faut que sa durée ne soit pas limitée à un petit nombre de valeurs ne donnant qu'un petit nombre de distances d'éclatement.

Elle doit pouvoir varier d'une manière continue, de telle sorte que l'éclatement puisse être obtenu à toutes les distances comprises entre les limites extrêmes de la fusée.

On pourrait adopter, en attendant mieux, la fusée de l'obus à balles prussien, fusée compliquée et coûteuse, comme toutes les fusées de ce système, mais bien disposée, et dont les distances d'éclatement peuvent être obtenues avec une grande précision.

CHAPITRE VI.

INTÉRIEUR DU CANON.

Disposition générale.

50. L'intérieur du canon est formé de deux cylindres raccordés par un tronc de cône. Les trois surfaces ont le même axe.

Le cylindre de l'arrière est lisse. Le cylindre de l'avant est rayé. Le fond des rayures forme un cylindre concentrique aux deux autres, qui se prolonge en arrière jusqu'à la rencontre du tronc de cône.

Le cylindre de l'arrière est traversé par une mortaise destinée à recevoir la fermeture de culasse.

La charge est placée entre l'avant de la mortaise et l'arrière du projectile.

Le projectile est logé dans le tronc de cône.

L'intérieur du canon peut être divisé en trois parties, qui sont la fermeture, la chambre et l'âme.

La fermeture occupe l'espace compris entre l'arrière du canon et l'avant de la mortaise.

La chambre est l'espace compris entre l'avant de la fermeture et l'arrière du projectile.

L'âme est l'espace compris entre l'arrière du projectile et la bouche du canon.

La longueur de l'âme, ainsi définie, est l'espace parcouru par le projectile dans le canon, la longueur par laquelle il faut multiplier l'effort moyen de la poudre pour avoir le travail utile et la force vive imprimée au projectile.

Diamètres.

51. Pour diriger le mouvement de translation du projectile et maintenir son axe sur l'axe du canon, nous donnerons au cylindre de l'âme entre les cloisons un diamètre égal à celui du projectile au fond des rainures.

Le diamètre de l'âme entre les cloisons, que l'on nomme son calibre, sera ainsi égal au calibre du projectile et fixé à 73 millimètres.

Pour assurer le forcement complet du projectile et l'obturation complète de l'âme, nous donnerons au cylindre du fond des rayures un diamètre un peu inférieur au diamètre maximum des couronnes.

La profondeur des rayures étant fixée à 1 millimètre, le diamètre du fond des rayures sera fixé à 75 millimètres, et sera inférieur de $0^{mm},5$ au diamètre maximum de la couronne d'arrière.

Pour faciliter le centrage du projectile, diminuer les résistances qu'il rencontre au départ, et faciliter le passage des gaz de la poudre, nous raccorderons les cylindres de l'âme et de la chambre par un tronc de cône très-incliné, et nous réduirons à un cent-vingtième l'inclinaison de la génératrice de ce cône sur l'axe du canon.

Pour diminuer autant que possible la pression des gaz à l'origine du mouvement, nous donnerons à la chambre un diamètre à peu près égal à celui de l'âme, et nous réduirons au minimum le vent qu'il est nécessaire de conserver entre le projectile et la chambre pour la facilité du chargement.

Le diamètre maximum des couronnes du projectile étant fixé à $75^{mm},5$, et le vent minimum à $1^{mm},5$, le diamètre de la chambre et de tout le cylindre de l'arrière sera fixé à 77 millimètres.

Il sera ainsi supérieur de 2 millimètres au diamètre du fond des rayures et supérieur de 4 millimètres au calibre de l'âme.

Longueur de la fermeture.

52. La mortaise transversale destinée à recevoir le verrou aura 9 centimètres de longueur.

La longueur de la culasse conservée en arrière de la mortaise pour résister au choc du verrou sera de 8 centimètres.

La longueur comprise entre l'arrière du canon et l'avant de la fermeture sera ainsi fixée à 17 centimètres.

Longueur de la chambre.

53. Il paraît utile d'augmenter le volume habituellement réservé à la poudre, pour augmenter l'espace dans lequel se produisent les gaz à l'origine du mouvement et diminuer ainsi le maximum de tension qui est toujours très-voisin du commencement de la combustion.

Il est vrai que l'augmentation du volume de la chambre, en diminuant le maximum de densité et de tension, diminue aussi l'effort moyen des gaz et la vitesse initiale du projectile.

Mais on pourra compenser cette diminution par l'accroissement de la longueur de l'âme, la vitesse initiale étant fonction du rapport des longueurs de l'âme et de la chambre.

La densité de la charge, prise par rapport à l'espace qui existe à l'origine du mouvement entre l'arrière du projectile et le fond de la chambre, était habituellement fixée à 0,84 pour les obusiers de campagne, et à 0,80 pour les canons.

Nous adopterons la plus petite de ces deux valeurs et nous fixerons la densité de chargement à 0,80.

Le poids de la charge étant de 1200 grammes, le volume qui lui est réservé sera ainsi fixé à 1500 centimètres cubes, et la distance de l'arrière du projectile au fond de la chambre sera d'environ 32 centimètres.

Longueur de l'âme.

54. La longueur comprise entre l'arrière du canon et l'arrière du projectile à l'origine du mouvement sera ainsi fixée à 49 centimètres.

La distance de l'arrière du projectile à la bouche du canon sera fixée à 181 centimètres, et la longueur totale du canon sera ainsi fixée à 230 centimètres.

La longueur donnée à l'âme est de 25 calibres. Elle est de beaucoup supérieure aux longueurs d'âme actuellement données aux canons de campagne.

La longueur de l'âme, mesurée de l'arrière du projectile à la bouche du canon, était d'environ 15 calibres pour les canons lisses.

Elle est de 127 centimètres pour le canon de 4 rayé français, et de 170 centimètres pour le canon de 12. Elle représente à peu près 14 calibres pour chacun de ces canons.

Elle est de 117 centimètres et représente environ 18 calibres pour le canon Withworth de 12. Elle est de 89 centimètres et représente environ 20 calibres pour le canon Withworth de 3.

Elle est d'environ 152 centimètres pour les canons de campagne de Prusse et de Belgique, et représente à peu près 19 calibres pour le canon de 4, et 17 calibres pour le canon de 6.

L'augmentation de la longueur donnée à l'âme paraît

nécessaire pour bien utiliser l'effet de la charge, et doit donner une notable augmentation de justesse et de portée.

Elle est d'ailleurs nécessaire pour compenser la diminution de la vitesse initiale, qui résulte de l'augmentation donnée au volume de la chambre.

Elle est aussi nécessaire pour compenser la diminution de l'effort utile moyen, qui résulte de la réduction du calibre.

L'effort utile moyen des gaz sur le projectile, étant le produit de la tension moyenne des gaz par la section transversale du projectile, diminue avec le calibre, parce que la diminution de la section varie plus rapidement que l'augmentation de la tension due à l'allongement du projectile.

Et comme la force vive est le produit de l'effort moyen par l'espace parcouru, si l'on veut retrouver à la bouche la même vitesse et la même force vive, il faut augmenter la longueur de l'âme pour compenser la diminution de l'effort moyen.

La longueur de l'âme portée à 25 calibres est encore beaucoup inférieure à la longueur qui donnerait le maximum de vitesse correspondant à la charge maxima. La pression des gaz sur le projectile à la bouche est encore beaucoup supérieure à la résistance que les parois de l'âme opposent à son mouvement.

La longueur totale donnée au canon est un peu supérieure aux longueurs habituellement données aux canons de campagne; mais elle ne présente aucun inconvénient sérieux. L'augmentation de poids qu'elle nécessite est très-faible, parce que l'allongement ne porte que sur la partie la moins épaisse du canon.

Tronc de cône.

55. Le tronc de cône dans lequel est logé le projectile, ayant ses génératrices inclinées sur l'axe au cent-vingtième, et devant raccorder le cylindre de l'avant, qui a 73 millimètres de diamètre, avec le cylindre de l'arrière qui a 77 millimètres de diamètre, aura 240 millimètres de longueur.

Il est rencontré en son milieu par le cylindre du fond des rayures, qui a 75 millimètres de diamètre.

Il est ainsi divisé en deux parties de longueur égale, l'une lisse et l'autre rayée.

Le projectile s'appuie sur son logement par toutes ses couronnes, le cône auquel elles sont toutes tangentes ayant même ouverture que le tronc de cône de l'âme.

La malléabilité du plomb pouvant facilement suppléer au défaut de précision des dimensions, le projectile doit être ainsi exactement centré, et le vent peut être considéré comme annulé par le contact des couronnes et du tronc de cône.

Cylindres.

56. Le diamètre maximum des couronnes est réglé de telle sorte que le culot du projectile s'arrête à 4 centimètres de l'arrière, et à 20 centimètres de l'avant du tronc de cône.

La distance de l'avant de la mortaise à l'arrière du projectile étant fixée à 32 centimètres, le cylindre compris entre l'avant de la mortaise et l'arrière du tronc de cône, dont l'avant est à 4 centimètres du projectile, aura 28 centimètres de longueur.

Le cylindre de l'arrière aura ainsi une longueur totale de 45 centimètres.

La distance de l'arrière du projectile à la bouche étant fixée à 181 centimètres, le cylindre de l'avant, qui commence à 20 centimètres de l'arrière du projectile, aura 161 centimètres de longueur.

Le cylindre du fond des rayures, qui rencontre le tronc de cône en son milieu, aura 173 centimètres de longueur.

CHAPITRE VII.

EXTÉRIEUR DU CANON.

Culasse.

57. L'extérieur du canon peut être considéré comme formé de trois parties : la culasse, le renfort, et la volée.

L'extérieur de la culasse est un parallélépipède rectangle, dont les angles sont abattus par une sphère qui coupe chacune de ses faces suivant un cercle. On peut aussi le considérer comme une sphère, coupée en arrière et en avant par deux plans normaux à l'axe et latéralement par quatre plans parallèles à l'axe, dont deux normaux au plan de tir et deux parallèles à ce plan.

Le centre de la sphère et du parallélépipède est sur l'axe, au milieu de la longueur de la mortaise. L'axe du parallélépipède est l'axe de la pièce. Le parallélépipède a 250 millimètres de longueur et 242 millimètres de largeur et de hauteur. La sphère a 168 millimètres de rayon.

Les deux plans normaux à l'axe coupent la sphère à 125 millimètres du centre, suivant deux cercles ayant 217 millimètres de diamètre. Les quatre plans parallèles à l'axe la coupent à 121 millimètres de l'axe suivant quatre cercles ayant 224 millimètres de diamètre.

Le plan supérieur, étant parallèle à l'axe de la pièce et à l'axe des tourillons, servira de plan d'appui pour le quart de cercle, et l'on y tracera, pour faciliter le pointage, le diamètre suivant lequel il est coupé par le plan de tir.

Le plan inférieur reposera sur la tête de la vis de pointage.

Le plan de droite portera le cadre destiné à protéger la droite de la mortaise et du verrou.

Le plan de gauche portera le plateau du support de la manivelle du verrou et le déclic destiné à maintenir ce plateau pendant les marches.

Le plan d'arrière, au milieu duquel s'ouvre le fond de la chambre, portera à gauche l'arrêtoir à ressort destiné à limiter le mouvement du verrou. Le canal de la hausse sera percé à droite de ce plan, dans la partie sphérique de l'arrière de la culasse.

Renforts.

58. Le premier renfort est cylindrique. Il a 224 millimètres de diamètre et 300 millimètres de longueur.

Il enveloppe la chambre, de la culasse à l'origine des rayures, protégeant ainsi tous les points où les gaz de la poudre peuvent arriver avant l'instant auquel ils atteignent leur maximum de tension.

Le second renfort est tronconique. Il a 250 millimètres de longueur, 224 millimètres de diamètre à l'arrière, et 212 millimètres de diamètre à l'avant.

Logement de la frette porte-tourillons.

59. Le logement de la frette est cylindrique. Il a 192 millimètres de diamètre et 200 millimètres de longueur.

Il se raccorde avec le second renfort par une gorge circulaire dont le profil est un quart de cercle de 10 millimètres de rayon.

Volée.

60. La volée est tronconique. Elle a 1300 millimètres de longueur, 192 millimètres de diamètre à l'arrière, et 134 millimètres de diamètre à l'avant.

L'intersection du tronc de cône de la volée avec la tranche de la bouche est arrondie.

Le profil de l'arrondissement est un quart de cercle de 5 millimètres de rayon.

Tourillons et embases.

61. Les tourillons et les embases sont portés par une frette cylindrique, placée à l'avant du deuxième renfort, et maintenue par un serrage de deux dixièmes de millimètre.

La frette a 200 millimètres de longueur, 191^{mm},8 de diamètre à l'intérieur et 242 millimètres de diamètre à l'extérieur.

L'arête intérieure de l'arrière est arrondie comme la gorge du renfort sur laquelle elle doit porter.

Les arêtes extérieures de l'arrière et de l'avant sont remplacées par deux gorges circulaires dont le profil est un quart de cercle de 10 millimètres de rayon.

Les tourillons et leurs embases sont cylindriques. L'écartement des embases est de 268 millimètres. Leur diamètre est de 150 millimètres. Les tourillons ont 104 millimètres de diamètre et 90 millimètres de longueur.

L'axe des tourillons et des embases est au milieu de la longueur de la frette. Il est dans le plan de l'axe de la pièce et le coupe à 900 millimètres de l'arrière et à 1400 millimètres de l'avant.

Il a paru utile de conserver le diamètre et la longueur

des tourillons du canon de 8 et du canon de 12 de campagne, pour que la pièce pût être tirée sur l'affût de 8 et l'affût léger de 12.

Mais les tourillons ainsi disposés présentent un grand excès de résistance.

Si le canon devait être tiré sur un affût de nouveau modèle, cet affût devant être probablement un affût en acier, à deux flasques sans flèche, il y aurait lieu de réduire beaucoup l'écartement des embases et les dimensions des tourillons.

Épaisseurs de métal.

62. M. Lamé a démontré que, dans un cylindre creux élastique :

1° La somme, en un point quelconque du cylindre, de la pression suivant le rayon et de la tension transversale normale à ce rayon, varie en raison inverse du carré de ce rayon ;

2° La différence de la tension et de la pression est la même en tous les points.

Si l'on appelle t et p la tension et la pression aux points dont la distance à l'axe est r, T et P la tension et la pression à la surface extérieure, et R le rayon extérieur, on a les deux relations

$$(t + p)\, r^2 = (T + P)\, R^2, \quad t - p = T - P.$$

En éliminant T on en déduit

$$t = p\,\frac{R^2 + r^2}{R^2 - r^2} - 2P\,\frac{R^2}{R^2 - r^2}.$$

Il est facile de reconnaître que la valeur ainsi obtenue pour la tension t augmente lorsque la distance à l'axe r diminue, et devient maxima lorsque cette distance est égale au rayon intérieur.

6.

Ainsi la tension, l'effort de traction transversal que déterminent dans le cylindre les pressions auxquelles il est soumis croît de l'extérieur à l'intérieur et atteint son maximum sur la surface intérieure.

De là il suit que dans un canon homogène l'effort maximum de traction, déterminé par la pression, se produit à la surface de l'âme et peut être représenté par l'expression

$$p\,\frac{R^2 + r^2}{R^2 - r^2} - 2P\,\frac{R^2}{R^2 - r^2},$$

R et r représentant les rayons extérieur et intérieur, P la pression extérieure, et p le maximum de pression des gaz de la poudre.

Si dans cette expression l'on ne prend que le premier terme, on a une valeur de l'effort maximum un peu supérieure à la valeur réelle, mais très-peu différente, parce que la pression extérieure P, qui est la pression atmosphérique, étant beaucoup plus faible que la pression intérieure, le second terme est généralement au plus égal à la deux-millième partie du premier

63. Pour que le canon résiste à la pression des gaz, il faut et il suffit que l'effort maximum de traction qu'elle détermine soit au plus égal à la limite d'élasticité du métal.

Cette condition est suffisante, parce qu'un effort au plus égal à la limite d'élasticité ne produit aucune déformation permanente. Elle est nécessaire parce qu'un effort, supérieur à cette limite, détermine dans le métal un véritable changement d'état, à partir duquel les déformations deviennent permanentes et s'augmentent rapidement.

Nous sommes ainsi conduits à représenter la condition nécessaire et suffisante de l'équilibre du canon par la relation

$$p \frac{R^2 + r^2}{R^2 - r^2} < L.$$

L représentant la limite d'élasticité.

Cette condition est absolument suffisante si la valeur attribuée à la pression p est le maximum réel de la pression des gaz.

Mais ce maximum, très-difficile à calculer et à mesurer, est aussi très-variable, la pression pouvant être beaucoup augmentée par diverses circonstances, telles que l'emploi d'une poudre trop vive, le forcement d'un projectile trop grand, la rupture d'un projectile trop faible ou l'arc-boutement d'un projectile mal dirigé.

Le maximum de pression, calculé ou mesuré dans les conditions normales du tir, peut être doublé par ces accidents ; et de là il suit que, pour être absolument à l'abri des déformations permanentes, il faudrait réduire l'effort maximum de traction, résultant des conditions normales du tir, à la moitié de la limite d'élasticité.

Mais comme on ne pourrait satisfaire à cette condition qu'en exagérant le poids du canon ou en diminuant beaucoup sa puissance, on peut se contenter de le garantir contre toute dégradation permanente dans les conditions normales du tir et de le garantir en même temps contre les chances de rupture résultant des accidents.

Cette dernière condition sera remplie si l'effort maximum de traction résultant des conditions normales du tir est au plus égal à la moitié de la ténacité du métal.

On est ainsi conduit à représenter les conditions nécessaires et suffisantes de la résistance du canon par les deux relations

$$p \frac{R^2 + r^2}{R^2 - r^2} < L, \qquad p \frac{R^2 + r^2}{R^2 - r^2} < \frac{1}{2} T.$$

64. Dans les essais des divers aciers fournis par les usines françaises comme métal à canon, la limite d'élasticité a varié de 25 à 55 kilogrammes par millimètre carré. La ténacité a varié de 50 à 80 kilogrammes.

Les limites inférieures de ces essais nous paraîtraient des bases très-admissibles pour le calcul de la résistance et des épaisseurs du canon.

Mais les aciers français n'ayant pas encore été souvent employés pour la fabrication des canons, et beaucoup de préventions existant d'ailleurs contre l'emploi de l'acier, il paraît prudent de dépasser, pour les premières bouches à feu de ce métal, faites en France, les limites habituelles de la résistance des canons.

Nous admettrons, pour ce motif, que les variations d'une fabrication courante puissent quelquefois abaisser de un cinquième les limites inférieures de l'élasticité et de la ténacité, et nous fixerons le minimum de la limite d'élasticité de l'acier à 20 kilogrammes, et le minimum de sa ténacité à 40 kilogrammes par millimètre carré.

La limite d'élasticité étant précisément la moitié de la ténacité, les deux conditions de la résistance se réduiront dans ce cas particulier à une seule exprimée par la relation

$$P \frac{R^2 + r^2}{R^2 - r^2} = L. \quad L = 20^{kg} \text{ par millimètre carré.}$$

65. Les expériences faites jusqu'à présent sur la marche du projectile dans l'âme et la combustion des poudres ne sont pas assez complètes pour qu'on puisse déterminer *a priori* le maximum de pression des gaz de la poudre.

Mais il est possible de déterminer une limite supérieure de cette tension, en admettant pour la simplification des calculs quelques hypothèses inexactes, mais peu éloignées de la vérité, dont l'introduction doit plutôt augmenter que diminuer la limite à rechercher

Le maximum de pression ainsi déterminé par le calcul, en fixant le poids de la charge à $1^{kg},2$, et en prenant pour le poids du projectile $6^{kg},1$, poids de l'obus à balles, qui est le plus lourd des deux projectiles employés, est de $15^{kg},8$ par millimètre carré.

66. Le rayon intérieur de la chambre r étant $38^{mm},5$, le maximum de pression p à supporter par les parois de la chambre étant $15^{kg},8$, et la limite d'élasticité de l'acier L étant 20 kilogrammes, le rayon extérieur de la chambre R sera déterminé par la relation

$$p\,\frac{R^2 + r^2}{R^2 - r^2} = L,$$

d'où

$$R = r\sqrt{\frac{L + p}{L - p}} = 38^{mm},5\sqrt{\frac{20 + 15.8}{20 - 15,8}} = 112^{mm}.$$

Le diamètre extérieur de la chambre sera ainsi fixé à 224 millimètres, et l'épaisseur minima du métal autour de la chambre sera fixée à $73^{mm},5$.

L'épaisseur minima de la chambre étant fixée à $73^{mm},5$, l'épaisseur de la culasse sera portée à $82^{mm},5$, pour suppléer à l'affaiblissement causé par la mortaise du verrou.

L'épaisseur minima du métal conservé en arrière de la mortaise sera portée à 80 millimètres, pour résister au choc du verrou, et les angles postérieurs de la mortaise seront arrondis par des arcs de cercle de 13 millimètres de rayon, pour augmenter l'épaisseur des parties qui doivent soutenir le choc et supprimer les angles vifs qui diminueraient la résistance du métal.

La culasse sera prolongée en avant, jusqu'à 80 millimètres de la mortaise, pour augmenter l'épaisseur du

métal dans les parties de la chambre où la densité et la
pression des gaz atteignent leur maximum.

Le premier renfort étant cylindrique, et le logement du
projectile tronconique, l'épaisseur du métal est portée à
$74^{mm},5$ au milieu de ce logement. Cette disposition a
l'avantage de renforcer les parties de l'âme sur lesquelles
le plomb du projectile doit se forcer au moment de sa
mise en marche.

Le premier renfort se termine, et le deuxième commence à l'origine des rayures, au point d'appui de la
septième couronne du projectile.

L'épaisseur des parois est de $68^{mm},25$ à l'arrière de
la frette porte-tourillons.

L'épaisseur du métal sous la frette est de $58^{mm},25$.
L'épaisseur de la frette est de 25 millimètres.

L'épaisseur de la volée, au fond des rayures, est de
$58^{mm},5$ à l'arrière, et de $29^{mm},5$ à l'avant.

Lumière.

67. La lumière est percée dans le plan de tir, normalement à l'axe du canon, à 80 millimètres en avant de la
naissance du renfort. Elle aboutit ainsi à 160 millimètres de l'arrière du logement de la poudre, et précisément au milieu de la longueur de la charge.

Le diamètre de la lumière est de $5^{mm},6$.

Le logement du grain de lumière est un cylindre,
taraudé à la partie supérieure, et terminé par un tronc
de cône à la partie inférieure.

Le grain de lumière est en cuivre rouge comprimé,
d'une seule pièce. Il est cylindrique, fileté à la partie
supérieure et vissé dans son logement. Il est ensuite forcé
dans la partie tronconique du logement, à l'aide de trois

mandrins successivement introduits dans la partie inférieure de la lumière.

La partie inférieure de la lumière est ainsi un peu
évasée, et les bords de l'orifice inférieur sont arrondis.

68. Il serait peut-être préférable de placer le point
d'inflammation à l'avant de la charge. L'action des gaz
sur le projectile serait ainsi plus rapide et, séparant plus
promptement le projectile de la poudre, augmenterait
l'espace laissé à la charge. Les parties non comburées,
pressées par les gaz sur le fond de l'âme, brûleraient
plus régulièrement. La marche des gaz et du projectile
varierait moins d'un coup à l'autre.

Il pourrait être aussi très-utile de placer la lumière au
centre de la culasse, suivant la direction de l'axe de
l'âme, et d'enflammer la charge par le centre.

On obtiendrait ainsi des vitesses plus régulières et l'on
diminuerait l'effet destructeur exercé par la charge sur
les parois du canon.

L'inflammation de la charge à la partie supérieure et
le vide que la charge laisse au-dessus d'elle augmentant
l'effet destructeur exercé sur la partie supérieure de la
chambre, la position habituellement donnée à la lumière
sur le renfort a l'inconvénient d'affaiblir la partie du
canon sur laquelle s'exerce le plus violemment l'action
de la charge.

Mais cet inconvénient est beaucoup moindre pour les
canons de petit calibre, dont la résistance est facilement
assurée, que pour les canons de grande puissance, qui
ont à supporter de plus grandes pressions ; et comme l'inflammation par le centre ou par l'avant nécessite quelques complications dans la fermeture de la culasse ou
dans la disposition de la cartouche, on peut conserver
provisoirement pour les canons de campagne l'inflam-

mation par la partie supérieure, qui est plus facile à appliquer, et qui, dans ces canons, a jusqu'à présent donné d'assez bons résultats.

Hausse et guidon.

69. Le canal de la hausse est percé en arrière et à droite dans la partie sphérique de la culasse. Il est parallèle au plan de tir, et normal au plan mené suivant l'axe de la pièce et l'axe des tourillons.

Il a la forme d'un prisme à base rectangulaire ayant 11 millimètres de largeur et 10^{mm},1 de côté. Il est à 39 millimètres de l'arrière et à 10 millimètres de la face droite de la culasse.

Il s'ouvre à 34 millimètres au-dessous du plan supérieur de la culasse, dans un second canal destiné à recevoir le curseur et la partie supérieure de la hausse. Ce deuxième canal, entièrement ouvert en haut, en arrière et à droite, est limité en avant et à gauche par deux plans parallèles aux faces correspondantes du canal inférieur et placés à 2 millimètres de ces faces.

La hausse a la forme d'un prisme creux à base carrée, ayant 10 millimètres de côté et 386 millimètres de longueur. Elle est munie d'un curseur à vis de pression, et porte un croisillon fixé sur une réglette mobile qui peut être portée à droite ou à gauche au moyen d'une crémaillère conduite par une vis à tête plate. La hausse, la réglette et le curseur sont en laiton.

La vis de pression du curseur et la vis conductrice de la crémaillère sont en acier.

Les quatre faces de la hausse et la face postérieure de la réglette sont graduées. Le centre du croisillon est à 23 millimètres au-dessus du zéro de la hausse et correspond exactement au zéro de la réglette placé au milieu de sa graduation.

Le centre du croisillon de la hausse mise en place, le zéro de la réglette affleurant le repère vertical tracé sur le milieu de la hausse est à 6 millimètres en avant de l'arrière du canal et à 6 millimètres de sa droite. Il est par suite à 45 millimètres de l'arrière du canon, à 16 millimètres de la face droite et à 105 millimètres du plan de tir.

Le centre du croisillon étant à 25 millimètres au-dessus du zéro de la hausse, et le curseur ayant 12 millimètres de hauteur, le centre du croisillon se trouve, lorsque le biseau supérieur du curseur affleure le zéro de la hausse, le curseur reposant sur son plan d'appui, à 35 millimètres au-dessus du plan d'appui du curseur, à 1 millimètre au-dessus du plan supérieur de la culasse et à 122 millimètres du plan mené suivant l'axe de la pièce et l'axe des tourillons.

Le sommet du guidon se trouvant, comme le croisillon ainsi placé, à 105 millimètres du plan de tir et à 122 millimètres du plan mené suivant l'axe de la pièce et l'axe des tourillons, la ligne de mire déterminée par le sommet du guidon et le centre du croisillon est parallèle à l'axe de la pièce, lorsque le zéro de la réglette affleure le repère, le biseau supérieur du curseur affleurant le zéro de la hausse, et le curseur reposant sur son plan d'appui.

La première ligne de mire latérale ainsi déterminée a 850 millimètres de longueur.

La face latérale droite de la hausse sera graduée en distances pour le tir à obus. La face latérale gauche sera graduée dans sa partie supérieure en distances pour le tir plongeant. La face antérieure sera graduée en degrés et portera sous chaque degré l'indication de la charge qui donne sous l'angle correspondant la portée de 1000 mètres.

Les faces postérieures de la réglette et de la hausse seront graduées en millièmes de la longueur de la ligne de mire naturelle. La hausse sera ainsi la tangente naturelle de l'angle de tir; la dérive sera la tangente de l'angle d'écart, et, pour corriger la dérivation ou les écarts de direction et de hauteur, il suffira de prendre le rapport de la dérivation ou de l'écart à la portée divisée par mille, et de déplacer le zéro de la réglette ou le curseur de la hausse d'un nombre de divisions égal à ce rapport.

La longueur totale de la hausse est de 410 millimètres. Le zéro de la graduation est à 23 millimètres au-dessous du centre du croisillon et à 32 millimètres du sommet de la hausse. La dernière division de la hausse est à 27 millimètres de son extrémité. Elle correspond à la hausse de 404 millièmes, et à l'angle de tir de 22 degrés.

La hausse est encore assez bien maintenue dans son canal, lorsque le ressort du curseur appuie sur le logement creusé, pour l'arrêter, à 2 millimètres du bas de la hausse. Ce ressort ayant 42 millimètres de hauteur, et le curseur ayant 12 millimètres, le haut du curseur est alors à 58 millimètres du bas de la hausse et à 316 millimètres du zéro. La longueur de la hausse permet donc de pointer assez facilement avec la hausse de 364 millièmes, et l'angle de tir de 20 degrés.

Sous les angles de tir supérieurs à 20 degrés, la hauteur sera donnée par le quart de cercle, appuyé contre la ligne de mire, sur le plan supérieur de la culasse.

70. Le guidon est en acier d'une seule pièce. Il est vissé sur l'embase du tourillon droit.

Le corps du guidon présente au pointeur une face plane dont la partie supérieure est triangulaire.

Il est porté par une embase hexagonale, une embase cylindrique et une partie filetée.

L'axe des embases est dans le plan de l'axe des tourillons et normal au plan mené suivant cet axe et l'axe
du canon.

La pointe du guidon est à 122 millimètres au-dessus
de ce plan, à 105 millimètres du plan de tir, et à
895 millimètres de l'arrière de la culasse.

CHAPITRE VIII.

FERMETURE DE LA CULASSE.

Mortaise.

71. Le canon est fermé, à l'arrière du logement de la poudre, par un verrou transversal, placé dans une mortaise percée au milieu de la culasse normalement au plan de tir.

Le profil de la mortaise est un rectangle, ayant 90 millimètres de diamètre et 113 millimètres de hauteur, dont les angles postérieurs sont arrondis par des arcs de cercle de 13 millimètres de rayon. Le choc du verrou, dans le tir, agissant surtout sur ces angles, il est très-utile de les arrondir, pour augmenter l'épaisseur du métal et supprimer les angles vifs qui pourraient faciliter la rupture, surtout dans les métaux durs comme l'acier.

Deux rainures creusées à l'avant, au-dessus et au-dessous de la mortaise, sont destinées à recevoir les guides du verrou. Leur profil est un rectangle, ayant 33 millimètres de longueur et 6 millimètres de hauteur, dont les angles de fond sont arrondis par des arcs de cercle de 3 millimètres de rayon.

Disposition générale du verrou.

72. Le verrou se compose de deux coins, formant par leur réunion un prisme rectangulaire, dont les faces extérieures sont normales au plan de tir, les faces intérieures qui coïncident étant inclinées au douzième sur ce plan.

Une vis à pas rapide, placée à la gauche du verrou, s'engage par ses filets dans un écrou taraudé sur le coin d'arrière, et se fixe par l'extrémité de sa tige et par un plateau surmontant ses filets, dans une gorge creusée à l'arrière du coin d'avant.

La tige de cette vis se prolonge en dehors du verrou pour s'engager dans une clef de manœuvre, en forme de cloche, terminée par une manivelle à deux branches.

Le plateau qui forme la base de cette cloche étant appuyé sur la face gauche de la culasse, on peut, en tournant la manivelle de gauche à droite, faire avancer le coin d'arrière sur le coin d'avant, et augmenter ainsi l'épaisseur du verrou, jusqu'à ce que, cette épaisseur atteignant la longueur de la mortaise, les coins y soient fortement serrés.

En tournant la manivelle de droite à gauche, on peut faire reculer le coin d'arrière sur le coin d'avant, et diminuer ainsi l'épaisseur du verrou, que l'on peut ensuite faire glisser librement dans la mortaise.

Le coin d'avant, le coin d'arrière et la vis sont en acier. La manivelle, la cloche et le plateau sont en bronze.

Coin d'arrière.

73. Le coin d'arrière a 320 millimètres de largeur. Son épaisseur est de 14 millimètres à droite et de $40^{mm},6$ à gauche. Son profil est un rectangle ayant $111^{mm},5$ de hauteur, dont les angles postérieurs sont arrondis par des quarts de cercle de 13 millimètres de rayon.

Il présente en avant et à gauche une saillie cylindrique, qui a 54 millimètres de diamètre et 35 millimètres de longueur.

Il est taraudé à gauche sur une longueur de 35 millimètres. L'écrou a quatre filets carrés parallèles, dont le
pas est de 28 millimètres. La largeur et la profondeur
des filets est de 3^{mm}, 5. Le diamètre au fond des filets est
de 36 millimètres.

L'avant du coin présente, à droite de l'écrou un évidement cylindrique, qui a 39 millimètres de diamètre et
27 millimètres de longueur.

La saillie, l'écrou et l'évidement ont un axe commun
placé à 56^{mm}, 5 de la base et à 34 millimètres de l'arrière
du coin.

Coin d'avant.

74. Le coin d'avant a 111^{mm}, 5 de hauteur et 358 millimètres de largeur. Il est arrondi à gauche, sur une longueur de 38 millimètres, pour passer sous la cloche du
support de la manivelle, et se prolonge en arrière de cet
arrondissement, pour former les coussinets dans lesquels
reposent la tige et le plateau de la vis.

Il est évidé, à droite de ces coussinets, sur une longueur
de 62 millimètres, pour donner passage à la vis et à la
saillie du coin d'arrière.

Il a 73^{mm}, 3 d'épaisseur à droite et 46^{mm}, 7 d'épaisseur
à gauche, au point où commence l'arrondissement.

Les deux coins portent à leur droite une ouverture
cylindrique, de même diamètre que la chambre, dont
l'axe, parallèle à la face droite des coins, est à 52^{mm}, 5
de leur base.

Les faces supérieure et inférieure du coin d'avant portent deux saillies ou guides destinés à se mouvoir dans
les rainures de la mortaise.

Le profil de ces guides est un rectangle, ayant 26 millimètres de longueur, dont les angles extérieurs sont
arrondis par des quarts de cercle de 3 millimètres de

rayon. La hauteur du guide inférieur est de $4^{mm},5$, celle du guide supérieur est de 6 millimètres.

La face antérieure du coin porte un évidement circulaire, ayant $20^{mm},4$ de profondeur et 113 millimètres de diamètre, dont le centre est à $52^{mm},5$ de la gauche et à $56^{mm},5$ de la base du coin.

Cet évidement est destiné à recevoir une rondelle en acier qui, lorsque les coins sont serrés, appuie sur l'arrière de l'anneau obturateur.

Deux petites plaques en laiton, vissées à l'avant du coin au-dessus et au-dessous du cylindre de chargement, maintiennent l'écartement de la mortaise et du coin pendant la manœuvre, et préservent l'obturateur des frottements qui pourraient le dégrader.

Obturateur.

75. L'anneau obturateur est en cuivre.

La base de l'obturateur est plane et normale à son axe. La surface intérieure est cylindrique. Elle a 77 millimètres de diamètre et 3 millimètres de longueur. La surface extérieure est tronconique. Elle a $10^{mm},5$ de longueur, $97^{mm},3$ de diamètre à l'avant et $97^{mm},9$ de diamètre à l'arrière.

Le profil de l'obturateur entre ces deux surfaces est formé par une droite normale à l'axe, de 3 millimètres de longueur, un arc de cercle de 7 millimètres de rayon, et une droite parallèle à l'axe de 3 millimètres de longueur.

L'arête extérieure de l'arrière de l'obturateur est arrondie par un arc de cercle de 2 millimètres de rayon.

La base porte trois petites rainures circulaires ayant 1 millimètre de largeur et 1 millimètre de profondeur.

Rondelle.

76. La rondelle est en acier. Elle est cylindrique. Elle a 113 millimètres de diamètre et 21 millimètres de longueur.

L'arète antérieure est abattue par un pan coupé ayant $0^{mm},6$ de longueur et 4 millimètres de largeur.

L'arète postérieure est arrondie.

Le profil de l'arrondissement est un quart de cercle de 3 millimètres de rayon.

La rondelle dépasse l'avant du coin de $0^{mm},6$ et la base de l'obturateur est de 1 millimètre en arrière de l'avant de la mortaise. L'épaisseur du verrou fermé, les coins desserrés étant de $87^{mm},3$ et la longueur de la mortaise étant de 90 millimètres, il reste en arrière du verrou un vent d'environ $1^{mm},1$.

Si la saillie de la rondelle devient insuffisante, on la ramène en avant, en plaçant au fond de son logement une ou plusieurs feuilles de cuivre écroui, ayant 113 millimètres de diamètre et $0^{mm},2$ d'épaisseur.

Vis.

77. Le plan de contact des deux coins étant incliné au douzième sur le plan de tir, il faut, pour supprimer le vent, faire avancer le coin d'arrière de 14 millimètres. Ce mouvement devant se faire habituellement par un demi tour de la vis, le pas de la vis est fixé à 28 millimètres.

La vis a quatre filets carrés, tournant de droite à gauche, égaux et également espacés. Le pas étant de 28 millimètres, l'écartement, la profondeur et la longueur de chaque filet sont de $3^{mm},5$. La partie filetée a 60 millimètres de longueur et 36 millimètres de diamètre en dehors des filets.

La tige de la vis a 29 millimètres de diamètre et 108 millimètres de longueur. Elle est maintenue dans le coin d'avant, par un plateau qui a 54 millimètres de diamètre et 14 millimètres de largeur. Elle est maintenue à la base du support de la manivelle, par un second plateau qui a 36 millimètres de diamètre et 12 millimètres de largeur. La partie de la tige comprise entre ces plateaux repose sur le coin d'avant; elle a 24 millimètres de longueur. La partie qui repose dans le support de la manivelle a 58 millimètres.

La vis étant placée dans l'écrou du coin d'arrière, son axe est dans le plan de l'axe de la pièce, normal au plan de tir et parallèle aux faces de la mortaise.

Manivelle et support de la manivelle.

78. Le support de la manivelle peut être considéré comme formé de trois parties : le plateau, la cloche et le cylindre.

Le plateau doit s'appuyer sur la face gauche de la culasse lorsque le verrou est fermé. Il est circulaire. Il a 10 millimètres d'épaisseur. Son diamètre intérieur est de 112 millimètres. Son diamètre extérieur est de 180 millimètres.

La cloche sous laquelle sont logés le grand plateau de la vis, sa gorge et la partie arrondie du coin d'avant reçoit, au-dessus de la partie plane qui la termine à l'intérieur, le petit plateau et le commencement de la tige de la vis. Elle présente à l'extérieur une saillie plane et circulaire, sur laquelle doit s'appuyer le corps de la manivelle et une petite gorge de raccordement dont le profil est un arc de cercle de 7 millimètres de rayon. L'arc de cercle, qui forme le profil intérieur de la cloche, a $40^{mm},2$ de rayon ; l'arc du profil extérieur a $46^{mm},2$ de rayon.

Le cylindre du support de la manivelle reçoit à l'intérieur l'extrémité de la tige de la vis, et porte à l'extérieur le corps de la manivelle. Il a 50 millimètres de longueur. Son diamètre intérieur est de 29 millimètres. Son diamètre extérieur est de 41 millimètres.

Le corps de la manivelle présente à l'intérieur une surface cylindrique semblable à celle du support. Son profil extérieur est un arc de cercle de 36 millimètres de rayon.

La tige de la vis, le cylindre du support et le corps de la manivelle sont réunis par une clavette qui traverse les trois pièces.

La tige de la vis et le support de la manivelle sont, en outre, réunis par une saillie demi-cylindrique existant sur le petit plateau, et une rainure correspondante creusée à la base intérieure de la cloche, sur l'évidement cylindrique qui reçoit ce plateau.

Les deux branches de la manivelle sont deux cylindres creux de 150 millimètres de longueur, qui ont 18 millimètres de diamètre à l'intérieur et 28 millimètres de diamètre à l'extérieur. Ils sont terminés par des hémisphères de mêmes diamètres, et se raccordent avec le corps de la manivelle par deux gorges circulaires, dont le profil est un arc de cercle de 10 millimètres de rayon.

Assemblage du verrou.

79. Pour assembler les diverses parties du verrou, le coin d'arrière reposant sur sa base, on engage la vis dans la partie taraudée du coin, de sorte que ses quatre filets entrent chacun dans leur écrou. On la visse à fond et

l'on amène ainsi le plateau de la vis au contact du coin.

On place le coin d'avant sur le coin d'arrière, en engageant le plateau et la gorge de la vis dans les coussinets creusés pour les recevoir à la gauche du coin d'avant. Dans cette position, les faces obliques des deux coins coïncident, et ils se correspondent exactement par leurs faces droites et par les deux faces voisines du bout de la vis.

On ajuste ensuite le support de la manivelle sur la tige de la vis, en engageant le petit plateau et la saillie qu'il porte dans l'évidement cylindrique et la rainure creusés pour les recevoir à la base intérieure de la cloche, et on le pousse sur la tige jusqu'à ce que la base de la cloche s'appuie sur la gauche du coin d'avant.

On place enfin la manivelle sur son support, de telle manière que, les trous percés dans le corps de la manivelle, dans le cylindre du support et dans la tige de la vis se correspondant, on puisse passer la clavette, et l'on fixe le bout de cette clavette au moyen d'une lanière.

Les trous de la clavette et les cylindres ouverts à la droite des deux coins sont percés de telle sorte que, dans la position que nous venons d'indiquer, les coins desserrés à fond, la base du verrou horizontale, le logement de la clavette est horizontal, les branches de la manivelle sont verticales, la tête de la clavette est en arrière, et les deux cylindres ouverts à la droite des coins sont sur le prolongement l'un de l'autre.

Arrêtoir.

80. Le verrou ainsi disposé peut entrer et glisser librement dans la mortaise. Il y est maintenu et son mouvement y est limité par un arrêtoir horizontal placé en arrière et à gauche de la culasse, dont l'extrémité est

engagée dans une rainure creusée sur l'arrière du verrou au milieu de sa hauteur.

La rainure a 8 millimètres de profondeur, 20 millimètres de hauteur et 196^{mm},75 de longueur. La tige de l'arrêtoir est en acier. Elle est cylindrique. Elle a 18 millimètres de diamètre et 143 millimètres de longueur. Elle porte à 32 millimètres de son extrémité une saillie cylindrique de 27 millimètres de diamètre et de 12 millimètres de longueur. Elle est placée à frottement simple dans une ouverture cylindrique, ayant 27 millimètres de diamètre et 54 millimètres de longueur, dont l'axe est placé au milieu de la hauteur de la culasse, parallèlement à l'axe de la pièce, à 79^{mm},75 à gauche de cet axe. La base de la saillie de la tige repose sur le fond de ce cylindre, et la partie de la tige qui la dépasse est logée dans un second cylindre ayant 18 millimètres de diamètre et 26 millimètres de longueur. L'extrémité de l'arrêtoir, mis en place, est à 6 millimètres en avant de l'arrière de la mortaise.

L'arrêtoir est maintenu dans son logement par un ressort hélicoïdal entourant sa tige, appuyé en avant sur la saillie de la tige et pressé en arrière par une plaque d'acier fixée sur la culasse par deux vis. Cette plaque a 9 millimètres d'épaisseur. Sa base a la forme d'un rectangle de 36 millimètres de largeur et de 64 millimètres de hauteur, terminé par deux demi-cercles de 36 millimètres de diamètre.

La tête de l'arrêtoir est en bronze. Elle est réunie à la tige par une chevillette qui traverse les deux pièces. Elle est formée d'une embase cylindrique ayant 36 millimètres de diamètre et 7 millimètres de longueur, et d'un bouton ayant pour profil un arc de 32 millimètres de rayon, dont le centre est sur l'axe à 9 millimètres de l'embase, et un second arc de 16 millimètres de rayon

tangent au premier, dont le centre est à 9 millimètres de
l'axe.

Le bouton et l'embase se raccordent par une gorge
dont le profil est un arc de cercle de 4 millimètres de
rayon. L'embase de l'arrêtoir, mis en place, s'appuie sur
la plaque du ressort.

Manœuvre du verrou.

81. Il suffit de tirer un peu fortement la tête de l'arrêtoir pour diminuer la longueur du ressort et amener en
arrière de la mortaise l'extrémité de l'arrêtoir, qui laisse
ainsi le passage libre au verrou et permet de l'introduire
dans la mortaise ou de l'en retirer complétement.

La distance de l'arrêtoir à l'axe du canon étant égale
à la distance de la droite de la rainure à l'axe du cylindre
ouvert à la droite du coin d'arrière, si l'on retire le
verrou jusqu'à l'arrêt, le cylindre du coin d'arrière vient
se placer sur le prolongement du cylindre de la chambre.

Si le verrou est desserré à fond, ce qu'on obtient en
plaçant les branches de la manivelle verticalement, la
tête de la clavette en arrière, le cylindre du coin d'avant
est sur le prolongement du cylindre du coin d'arrière; et
si l'on retire jusqu'à l'arrêt le verrou ainsi desserré, les
cylindres des deux coins sont sur le prolongement du
cylindre de la chambre.

On introduit alors le projectile et la charge, et l'on
enfonce le verrou, jusqu'à ce que le plateau du support
de manivelle s'appuie sur la face gauche de la culasse.

Dans cette position, la rondelle placée dans l'évidement du coin d'avant est concentrique à la chambre et à
l'anneau obturateur; le coin d'avant peut être considéré
comme fixé dans le sens normal à l'axe, mais il peut encore se mouvoir parallèlement à l'axe du canon. Le coin

d'arrière ne touche pas l'arrière de la mortaise et la rondelle est en arrière de la base de l'anneau.

Si l'on fait faire alors à la vis un demi-tour de gauche à droite, de telle manière que les branches de la manivelle soient de nouveau verticales, la tête de la clavette passant en avant, la vis pousse le coin d'arrière sur le coin d'avant et augmente la largeur du verrou. Le coin d'arrière vient s'appuyer sur l'arrière de la mortaise, la rondelle vient s'appuyer sur la base de l'obturateur, et les deux coins, la rondelle et l'obturateur se trouvent fortement serrés entre l'arrière de la mortaise et l'arrière de la chambre.

Ajustage de l'obturateur.

82. L'anneau obturateur ne doit pas être enlevé après chaque tir.

Il doit rester à poste fixe dans son logement, y être très-fortement forcé et présenter à l'arrière une saillie de $1^{mm},2$ sur l'avant de la mortaise.

L'ajustage exact de l'obturateur est nécessaire, les coins n'étant maintenus pendant le tir que par la pression de la rondelle sur l'obturateur.

Les diamètres de l'obturateur sont réglés sur les diamètres de son logement, de telle sorte que l'arrière de l'obturateur, enfoncé dans son logement sans forcement, soit à $2^{mm},5$ en arrière de l'avant de la mortaise.

L'obturateur étant placé à la main, la saillie de l'arrière doit être au moins égale à $2^{mm},5$.

Si elle est inférieure à $2^{mm},5$, l'obturateur est trop petit et doit être changé.

Si elle est supérieure à $2^{mm},5$, on la réduit au moyen d'un refouloir appliqué sur l'arrière de l'obturateur et pressé sans à-coup, jusqu'à ce que le verrou, dégarni de sa rondelle et desserré à fond, puisse passer en arrière de l'obturateur.

L'obturateur doit être amené à sa position définitive au moyen du verrou; mais, pour cette opération, on doit substituer à la rondelle en acier une rondelle en bronze de même diamètre et de hauteur égale à la profondeur du logement de la rondelle.

L'emploi du bronze est utile pour diminuer les chances de dégradation, et la réduction de la hauteur est nécessaire, parce que le verrou muni de sa rondelle ne pourrait passer en arrière de l'obturateur avant le forcement.

La saillie de l'obturateur devant être réduite par le forcement des coins à $1^{mm},2$, et le jeu du verrou desserré sans rondelle étant de $1^{mm},7$, il faut réduire ce jeu de $1^{mm},5$.

Le pas de la vis étant de 28 millimètres, et l'inclinaison des coins de $\frac{1}{12}$, il faut, pour régler le forcement de l'obturateur, faire tourner la manivelle de 230 degrés, ce qui fait un peu plus de $\frac{5}{8}$ de tour, et amener sous le déclic la onzième dent du plateau.

Si les dimensions de l'obturateur sont bien réglées, ce forcement ne peut être obtenu par l'action d'un homme seul sur les bras de la manivelle.

Il faut l'obtenir par l'allongement du bras de levier ou par l'action de quatre hommes, chaque couple agissant sur l'une des branches de la manivelle.

Si l'obturateur était plus facilement amené à sa position définitive, il ne serait pas suffisamment maintenu.

Ajustage de la rondelle.

83. La saillie de la rondelle en acier sur le coin d'avant doit être au plus égale à $0^{mm},6$, et au moins égale à $0^{mm},3$.

Si la saillie de la rondelle est de $0^{mm},3$, la fermeture s'obtient par un demi-tour, la manivelle se plaçant alors verticalement, et la sixième dent se plaçant sous le déclic.

Si la saillie de la rondelle est de $0^{mm},6$, la fermeture s'obtient par une rotation d'environ 140 degrés, la manivelle s'arrêtant à 40 degrés en deçà de la verticale, et la deuxième dent se plaçant sous le déclic.

Le verrou étant fermé par un homme seul agissant énergiquement sur la manivelle, si elle s'arrête entre les deux limites indiquées, la rondelle doit être considérée comme bien ajustée.

Si la manivelle s'arrête à plus de 40 degrés au-dessous de la verticale, la rondelle a trop de saillie. Il faut diminuer sa hauteur.

Si la manivelle dépasse la verticale, la saillie de la rondelle est insuffisante. Il faut la régler en plaçant une feuille de cuivre au fond de son logement.

Détails de manœuvre.

84. Avant le tir il faut graisser les filets, et les deux plateaux de la vis; mais il faut essuyer soigneusement toutes les autres parties de la fermeture, et les faire frotter à sec pour augmenter la résistance au glissement.

Les coins n'étant maintenus que par la pression de la rondelle sur l'obturateur, ils doivent être à chaque coup serrés jusqu'au refus par un homme agissant très-énergiquement sur les deux bras de la manivelle.

La position à laquelle la manivelle du verrou bien serré s'arrête avant le tir doit être soigneusement reconnue par l'homme chargé de la manœuvre, et il doit avoir soin de ne jamais arrêter la manivelle au-dessous de cette position.

Si la manivelle arrive facilement à la position verticale ou la dépasse sensiblement, il faut modifier l'ajustage de la rondelle, en plaçant une ou plusieurs feuilles de cuivre au fond de son logement.

Si, portant la saillie de la rondelle à $0^{mm},6$, on peut encore amener la manivelle sensiblement au delà de la verticale, on doit en conclure que la saillie de l'obturateur est inférieure à $0^{mm},9$.

Il ne suffit plus alors de modifier l'ajustage de la rondelle, et il est nécessaire de changer l'obturateur.

Vis d'arrêt.

85. La vis d'arrêt est destinée à maintenir le bord du plateau lorsque les coins sont serrés.

Elle est placée sur la face gauche de la culasse, en avant de la mortaise, au milieu de la hauteur du canon.

Elle maintient sur le canon une rosette cylindrique, échancrée à droite, sur la moitié de la hauteur, pour donner passage au bord du plateau.

L'axe de la vis et de la rosette est à $45^{mm},5$ en avant de la mortaise.

Le plateau porte une échancrure en arc de cercle, qui correspond à la tête de la vis d'arrêt lorsque les coins sont desserrés.

Déclic.

86. La pression des diverses parties du verrou suffit pour le maintenir serré pendant le tir, sans qu'il soit né-

cessaire de fixer autrement la manivelle ou son plateau. Il n'en est pas ainsi pendant la marche, la succession de petits mouvements qu'éprouve alors le canon pouvant à la longue faire tourner la vis, desserrer peu à peu les coins et permettre au verrou de se mouvoir dans la mortaise.

Pour éviter les dégradations que ce mouvement pourrait produire, il est utile de maintenir les coins serrés, pendant la marche, en fixant le plateau de la manivelle pour empêcher la rotation de la vis.

Le plateau du support de la manivelle porte pour cet objet treize dents, dont les faces dirigées suivant les rayons du plateau sont espacées de 5 degrés. Leur profondeur est de 6 millimètres. Leur largeur, égale à leur espacement, est de $7^{mm},9$ à la base, et de $7^{mm},4$ à la circonférence.

Si nous supposons les coins serrés, les branches de la manivelle verticales et la tête de la clavette en avant, la dent qui doit recevoir le déclic, si le verrou a les dimensions normales, est à 30 degrés au-dessus du rayon parallèle à la tête de la clavette et à 60 degrés au-dessus du rayon parallèle à la branche supérieure de la manivelle.

Le premier intervalle est à 50 degrés en avant de la position normale, ce qui lui permettrait de recevoir le déclic, même dans le cas où le jeu du verrou serait diminué de $0^{mm},4$ par l'action de la poussière ou par l'encrassement que pourrait produire une obturation insuffisante. La treizième dent est à 80 degrés en arrière de la position normale, ce qui lui permet de recevoir le déclic, même dans le cas où le jeu serait augmenté de $0^{mm},6$ par suite d'usure ou par défaut de précision des dimensions. L'ensemble des treize dents comprend ainsi sur le cercle un arc de 130 degrés.

Le déclic est fixé sur le canon, par une vis dont la tige

lui sert de pivot, et maintenu dans les deux positions qu'il peut prendre, par un ressort à deux branches pressant sur sa base.

La tige de la vis a 14 millimètres de diamètre et 40 millimètres de longueur. Sa tête a 30 millimètres de diamètre et 7 millimètres d'épaisseur. Elle couvre et maintient sur le canon la base du déclic et la branche inférieure du ressort.

L'axe de la vis et du déclic est placé normalement à la face gauche de la culasse, à gauche et au-dessus du plateau, à $19^{mm},4$ en avant de la mortaise, et à $12^{mm},9$ au-dessus de la rainure supérieure.

Le déclic peut être considéré comme formé de quatre parties : la base, la tige, la tête et le bras de levier. L'épaisseur du déclic est de 10 millimètres en toutes ses parties. Elle est égale à celle du plateau.

La base du déclic porte une ouverture cylindrique de 14 millimètres de diamètre, dans laquelle s'engage la tige de la vis. Elle présente trois pans coupés, ayant chacun 13 millimètres de longueur, dont les quatre sommets sont à 13 millimètres de l'axe. Ils sous-tendent ainsi trois angles au centre, égaux à 60 degrés, et se substituent l'un à l'autre lorsque le déclic tourne de 60 degrés.

La surface inférieure de la tige est un plan, horizontal lorsque le déclic est levé, et tangent au plateau lorsqu'il est baissé. Elle a $27^{mm},6$ de longueur. Elle se raccorde avec la droite des pans coupés par un arc de cercle de 13 millimètres de rayon. Le point de contact de la tige et du plateau est à 15 degrés au-dessous de la ligne qui joint le centre du déclic au centre du plateau. Le profil de la surface supérieure de la tige est formé par un arc de cercle de 20 millimètres de rayon, qui commence à la gauche des pans coupés et se termine à la droite du bras de levier.

Le bras de levier a 18 millimètres de longueur et
5 millimètres de largeur. Il est terminé par un demi-
cylindre de même diamètre. Il se raccorde avec la tête
par une gorge demi-cylindrique dont le diamètre est de
8 millimètres, et un petit plan de 5 millimètres de largeur.

La tête du déclic a pour profil un rectangle de 7 millimètres de longueur et de 6 millimètres de largeur, dont
la base est sur la partie inférieure de la tige. Elle s'engage entre les dents du plateau, lorsque le déclic est
baissé, sa face supérieure coïncidant alors avec la face
inférieure de la dent qu'elle retient. Si le verrou a les dimensions normales, le point de contact de la tige et du
plateau est au-dessous de la cinquième dent, et la tête
du déclic s'engage dans le sixième intervalle.

Le déclic est maintenu, dans l'une ou l'autre des deux
positions qu'il peut prendre, par la pression de la branche
inférieure du ressort sur l'un ou l'autre des deux pans
coupés. La direction de cette branche et du pan coupé
sur lequel elle s'appuie est inclinée de 60 degrés sur le
plan supérieur de la culasse. Elle presse sur le pan
coupé inférieur quand le déclic est baissé, et sur le pan
coupé supérieur quand il est levé.

Lorsqu'on veut baisser ou lever le déclic, il suffit de
le faire tourner autour de son axe, à l'aide du bras de
levier, pour surmonter la résistance du ressort, dégager
le pan coupé sur lequel il s'appuyait, et le laisser retomber
sur l'autre.

Le ressort a 3 millimètres d'épaisseur et 10 millimètres
de largeur. La branche supérieure a 24 millimètres de
longueur. Elle est terminée à gauche par une partie
cylindrique et maintenue sur le canon par la tête d'une
vis dont la tige traverse le cylindre. La branche inférieure a 30 millimètres de longueur. Elle est maintenue

par le pan coupé sur lequel elle s'appuie, et par la tête
de la vis du déclic sous laquelle elle est engagée.

Cadre.

87. Un cadre en bronze, maintenu par quatre vis, est
placé sur la face droite de la culasse, autour de la mortaise, pour protéger la droite du verrou.

CHAPITRE IX.

RAYURES.

Considérations générales.

88. Pour diriger le projectile dans l'âme et lui imprimer au départ une vitesse de rotation de direction et de grandeur constantes, on l'engage dans des rayures inclinées sur la génératrice de l'âme, de telle sorte qu'il est appuyé par son mouvement de translation sur la paroi de la rayure opposée à la direction de ce mouvement, et obligé ainsi à suivre la direction de cette paroi.

La paroi sur laquelle le projectile s'appuie dans le tir est généralement appelée *paroi forçante*, ou *flanc directeur*, ou *flanc de tir*.

L'autre paroi est appelée *paroi-talon*. Dans les canons qui se chargent par la bouche, elle est quelquefois appelée *flanc de chargement*, parce qu'elle dirige le projectile, lorsqu'on le conduit de la bouche au fond de l'âme.

La partie de la rayure comprise entre ses deux parois est appelée le *fond de la rayure*, et la saillie conservée entre deux rayures voisines est appelée la *cloison*.

La section transversale de l'âme et des rayures, devant différer très-peu de celle du projectile, doit être à peu près constante sur toute la longueur de l'âme.

On peut se les représenter comme engendrées par cette section, qui s'avancerait de la culasse à la bouche, parallèlement à l'axe, en tournant autour de lui.

Chacune des courbes parallèles ainsi décrites par tous les points de cette section peut être considérée comme la directrice de son mouvement.

Nous considérerons le mouvement générateur de la rayure comme dirigé par l'intersection de la paroi forçante avec l'âme, et nous appellerons cette intersection la *directrice* de la rayure.

L'inclinaison de la rayure est l'angle que la tangente à la directrice fait avec l'axe du canon.

Le pas de la rayure, en chaque point, est la longueur comprise, sur chaque génératrice, entre deux intersections successives de l'hélice tangente à la directrice de la rayure en ce point.

Si l'inclinaison de la rayure est constante, le pas est constant; la rayure est hélicoïdale et son développement est une ligne droite.

Si l'inclinaison de la rayure est variable, le pas est variable, et le développement de la rayure est une ligne courbe.

La vitesse de rotation de la surface d'appui du projectile sur l'âme est constamment égale à sa vitesse de translation, multipliée par la tangente de l'inclinaison de la rayure.

La vitesse de rotation angulaire est égale à la vitesse de rotation de la surface, divisée par le rayon, qui est la moitié du calibre.

Le nombre de tours que fait le projectile en une seconde est égal à la vitesse angulaire divisée par le double du rapport de la circonférence à son diamètre.

Le pas de la rayure est égal au calibre multiplié par le rapport de la circonférence au diamètre et divisé par la tangente de l'inclinaison de la rayure.

L'effort que détermine la rotation est égal au moment d'inertie du projectile pris par rapport à son axe, multiplié par l'accélération de rotation angulaire et divisé par le rayon, qui est la moitié du calibre.

La force vive de rotation est la moitié du produit du moment d'inertie par le carré de la vitesse de rotation angulaire.

Soient

a le calibre;

α l'inclinaison finale des rayures;

L leur pas à la bouche;

M le moment d'inertie du projectile par rapport à son axe ;

V la vitesse de translation à la bouche;

V_r la vitesse de rotation de la surface;

ω la vitesse angulaire;

n le nombre de tours que fait le projectile en une seconde;

F l'effort qui détermine la rotation.

$$V_r = V \tang \alpha, \qquad \omega = \frac{2 V_r}{a} = \frac{2 V \tang \alpha}{a}, \quad n = \frac{\omega}{2 \pi},$$

$$L = \frac{\pi a}{\tang \alpha}, \quad F = \frac{2 M}{a} \frac{d\omega}{dt}.$$

Si l'inclinaison finale des rayures est supposée constante, la vitesse de rotation de la surface est proportionnelle à la vitesse de translation, et le rapport de ces deux vitesses est constant, quel que soit le calibre.

La vitesse angulaire de rotation et le nombre de tours que fait le projectile en une seconde sont proportionnels à la vitesse de translation et inversement proportionnels au calibre.

Le pas est proportionnel au calibre.

Si l'inclinaison finale des rayures et la vitesse de

translation sont supposées constantes, la vitesse de rotation de la surface est constante, quel que soit le calibre, et la vitesse angulaire est inversement proportionnelle au calibre.

Inclinaison à la bouche.

89. Tous les autres éléments du canon et du projectile étant donnés, l'inclinaison finale des rayures paraît devoir être déterminée par la condition de donner une vitesse de rotation qui, se composant avec l'accélération de rotation due à la résistance de l'air, diminue à chaque instant l'angle que fait l'axe du projectile avec l'horizon, et le diminue d'un angle précisément égal à la variation de l'inclinaison de la tangente à la trajectoire, de telle sorte que l'axe du projectile soit à chaque instant placé aussi près que possible de cette tangente.

D'après les résultats ainsi obtenus par le calcul, et d'après l'ensemble des résultats obtenus par l'expérience, la vitesse de rotation de la surface du projectile paraît devoir être à peu près proportionnelle à la longueur du projectile, et inversement proportionnelle au calibre pour les projectiles pleins, et à l'épaisseur des parois de la partie cylindrique pour les projectiles creux.

La vitesse de rotation de la surface étant égale à la vitesse de translation multipliée par la tangente de l'inclinaison des rayures, cette tangente doit être inversement proportionnelle à la vitesse de translation du projectile, directement proportionnelle à sa longueur, et inversement proportionnelle à l'épaisseur des parois de la partie cylindrique, qui pour les boulets est la moitié du calibre.

L'inclinaison des rayures étant généralement assez faible pour que la tangente soit à peu près proportion-

8.

nelle à l'angle, on peut dans cette relation substituer le rapport des angles à celui des tangentes, et dire que l'inclinaison des rayures doit être inversement proportionnelle à la vitesse de translation du projectile, directement proportionnelle à sa longueur, et inversement proportionnelle à l'épaisseur des parois.

Si l'on appelle l la longueur du projectile et e l'épaisseur des parois, C et C′ représentant deux coefficients constants, on doit avoir

$$V \tang z = C \frac{l}{e},$$

d'où

$$\tang z = \frac{Cl}{Ve} \quad \text{et} \quad \frac{V \tang z e}{l} = C, \quad \text{ou} \quad \frac{V z e}{l} = C'.$$

Cette relation suppose le projectile formé d'un seul métal ou de métaux de même densité.

Si le corps du projectile et la surface extérieure du cylindre sont formés de métaux de densité différente, cette disposition modifiant le rapport des deux moments d'inertie pris par rapport à l'axe longitudinal et à l'axe transversal, il est nécessaire d'en tenir compte en multipliant l'épaisseur du métal de la surface par le rapport des densités des deux métaux.

La seconde étant prise pour unité de temps, les longueurs étant exprimées en mètres et les angles en degrés, le rapport $C' = \dfrac{V z e}{l}$ paraît devoir être à peu près égal à 172, le rapport $C = \dfrac{V \tang z e}{l}$ étant alors à peu près égal à 0,0175 C′ = 3.

90. L'inclinaison finale des rayures varie dans les canons existants de 2° 45′ à 12 degrés, le pas variant ainsi de 65 à 14 calibres et la longueur du projectile variant en même temps de 1 à 4 calibres.

Les projectiles qui paraissent le mieux conserver leur vitesse dans l'air sont ceux du système Withworth, dont la longueur varie de 3 à 4 calibres, l'inclinaison des rayures variant de 8 à 12 degrés.

Mais il est à remarquer que cette grande inclinaison des rayures, favorable à la régularité du mouvement dans l'air, peut être nuisible à la régularité du mouvement dans l'âme et augmenter beaucoup les chances de dégradation de l'âme et du projectile.

Elle est admissible dans le système Withworth, parce qu'il appuie le projectile sur l'âme par de grandes surfaces très-résistantes et parce qu'il oppose aux grandes pressions exercées sur les parois de grandes épaisseurs de métal d'excellente qualité.

Elle est encore admissible lorsque le projectile s'appuie sur l'âme par une enveloppe de métal résistant, tel que le cuivre.

Elle ne peut être admise lorsque le projectile est dirigé dans l'âme par le forcement d'une enveloppe de métal très-malléable, tel que le plomb.

Les surfaces d'appui dont on peut disposer n'auraient pas une étendue suffisante pour compenser le défaut de résistance du métal. L'accélération du mouvement de rotation étant trop rapide, et l'effort exercé par les parois forçantes étant trop grand, le projectile ne pourrait prendre la rayure. Le métal de l'enveloppe serait arasé ou arraché.

Le défaut de résistance du métal ne pouvant être compensé que par la diminution de l'effort des parois forçantes, il faut diminuer cet effort en réduisant l'inclinaison de la rayure, et, si le métal employé est le plomb, il est prudent de limiter cette inclinaison à l'angle de 5 degrés, maximum de l'inclinaison actuellement donnée à la rayure dans les canons allemands.

Inclinaison dans l'âme.

91. La vitesse de rotation de la surface du projectile est constamment égale à la vitesse de translation multipliée par la tangente de l'inclinaison des rayures.

Lorsque cette inclinaison est constante, le rapport des deux vitesses et des deux accélérations est constant, et si le mouvement de translation était uniformément accéléré, le mouvement de rotation le serait aussi.

Il n'en est malheureusement pas ainsi. La pression des gaz et l'accélération de translation croissent très-rapidement à l'origine du mouvement, atteignent leur maximum alors que le projectile n'a parcouru qu'un très-petit espace et décroissent ensuite rapidement.

Le rapport de la pression et de l'accélération maxima à la pression et à l'accélération moyennes peut être beaucoup diminué par une disposition convenable de la charge, du projectile et du canon.

Il est cependant encore à peu près égal à 2 dans un canon de campagne bien disposé. Il est plus grand dans les canons de plus grande puissance et à peu près proportionnel à la racine carrée du calibre.

Dans un canon de campagne bien disposé, l'accélération de translation maxima paraît devoir se produire après un temps à peu près égal au quart de la durée du trajet de l'âme, le projectile ayant alors parcouru le seizième de la longueur d'âme et acquis une vitesse à peu près égale au quart de la vitesse à la bouche.

L'accélération décroîtra après le maximum, très-rapidement et à peu près uniformément, jusque vers le milieu de la longueur de l'âme, point que le projectile atteindra aux deux tiers environ de la durée totale du trajet.

L'accélération, qui sera alors à peu près égale à l'accélération moyenne, s'abaissera ensuite de moins en moins rapidement jusqu'à la bouche, où elle sera à peu près égale à la moitié de l'accélération moyenne.

Si la rayure est hélicoïdale, l'accélération de rotation et la pression exercée par les parois forçantes sur le projectile varient comme l'accélération de translation.

Elles croissent très-rapidement au départ et atteignent leur maximum alors que le projectile n'a parcouru qu'un très-petit espace. Elles décroissent ensuite rapidement jusqu'au milieu de la longueur de l'âme, atteignent alors leur valeur moyenne et descendent ensuite plus lentement jusqu'à la bouche.

L'effort maximum exercé par les parois forçantes peut ainsi dépasser de beaucoup la résistance des surfaces d'appui, et comme il se produit vers l'origine du mouvement, à l'instant où se produit la pression maximum des gaz, il peut aussi déterminer une augmentation de cette pression.

92. Pour diminuer l'effort maximum des parois forçantes et éloigner du fond de l'âme le point où il se produit, on peut, en conservant l'inclinaison finale des rayures, faire cette inclinaison très-faible ou nulle à l'origine, et la faire croître régulièrement, suivant une loi quelconque, de l'origine à la bouche.

Dans la disposition la plus simple et la plus usitée, l'inclinaison de la rayure est proportionnelle à la distance à l'origine.

Son développement est alors une parabole du second degré, dont le sommet est à l'origine et dont le paramètre est égal au double de la longueur d'âme divisée par la tangente de l'inclinaison finale.

D'autres dispositions, plus utiles peut-être au point

de vue théorique, donnent pour développement une parabole de degré supérieur ou une logarithmique ; mais les courbes ainsi obtenues se confondent dans la pratique avec la parabole du second degré.

La rayure étant parabolique et son inclinaison proportionnelle à la distance à l'origine, la vitesse de rotation est égale en chaque point à la vitesse de translation, multipliée par la tangente de l'inclinaison finale et par la distance à l'origine, et divisée par la longueur de l'âme.

La vitesse de rotation, à la bouche, est la même pour la rayure parabolique et la rayure hélicoïdale, si leur inclinaison finale est égale.

La rayure parabolique imprime la même vitesse de rotation sur un parcours qui, projeté sur la direction de cette vitesse, est moitié moindre.

Elle détermine par suite une accélération moyenne de rotation et un effort moyen des parois forçantes, doubles de l'accélération et de l'effort moyen que déterminerait la rayure hélicoïdale.

Mais, comme elle oppose à la translation, en chaque point du trajet de l'âme, une face moins inclinée, elle diminue cette translation dans un moindre rapport et imprime la rotation moins brusquement.

L'accélération de rotation qu'elle détermine n'est pas uniforme et croît de l'origine à la bouche ; mais elle est à peu près uniformément accélérée, et son maximum est très-peu différent de sa valeur moyenne.

93. Soient

a le calibre de l'âme ;

l la longueur comprise entre la bouche et l'origine des rayures ;

α l'inclinaison des rayures ;

M le moment d'inertie du projectile par rapport à son axe ;

V la vitesse de translation du projectile à la bouche ;

v la vitesse et $\frac{dv}{dt}$ l'accélération au point dont la distance à l'origine est x ;

h le rapport de la pression maximum ;

h' le rapport de la pression minimum à la pression moyenne des gaz.

Le développement de la rayure hélicoïdale, qui est une ligne droite, est représenté par l'équation

$$y = x \tang \alpha.$$

La vitesse de rotation de la surface en un point quelconque est $v \tang \alpha$.

L'accélération est $\frac{dv}{dt} \tang \alpha$.

La vitesse de rotation à la bouche est $V \tang \alpha$.

L'accélération moyenne est $\frac{V^2}{2l} \tang \alpha$.

L'accélération maximum est $h \frac{V^2}{2l} \tang \alpha$.

Le développement de la rayure parabolique est représenté par l'équation

$$y = \frac{1}{2} \frac{x^2}{l} \tang \alpha.$$

La vitesse de rotation de la surface en un point quelconque est $v \tang \alpha \frac{x}{l}$.

L'accélération est $\frac{dv}{dt} \tang \alpha \frac{x}{l} + \frac{v^2}{l} \tang \alpha$.

La vitesse de rotation à la bouche est $V \tang \alpha$.

L'accélération moyenne est $\dfrac{V^2}{l}$ tang α.

L'accélération maximum est $(h'+2)\,\dfrac{V^2}{2l}$ tang α.

L'effort exercé par les parois forçantes sur le projectile, pour déterminer sa rotation, est égal au moment d'inertie du projectile, pris par rapport à son axe, multiplié par l'accélération de rotation de la surface, et divisé par le carré du rayon qui est la moitié du calibre.

Pour la rayure hélicoïdale l'effort est

$$\frac{4\,\mathrm{M}}{a^2}\,\frac{dv}{dt}\ \text{tang}\ \alpha.$$

L'effort moyen est

$$\frac{2\,\mathrm{M V^2}\ \text{tang}\ \alpha}{l a^2}.$$

L'effort maximum est

$$\frac{2\,h\,\mathrm{M V^2}\ \text{tang}\ \alpha}{l a^2}.$$

Pour la rayure parabolique, l'effort est

$$\frac{4\,\mathrm{M}}{a^2}\left(\frac{dv}{dt}\,\frac{x}{l}+\frac{v^2}{l}\right)\ \text{tang}\ \alpha.$$

L'effort moyen est

$$\frac{4\,\mathrm{M V^2}\ \text{tang}\ \alpha}{l a^2}.$$

L'effort maximum est

$$\frac{2\,(h'+2)\,\mathrm{M V^2}\ \text{tang}\ \alpha}{l a^2}.$$

Le rapport de l'effort maximum, déterminé par la rayure hélicoïdale, à l'effort maximum déterminé par la rayure parabolique, est égal au rapport de h à $h'+2$.

Ce rapport étant à peu près égal à l'unité dans les canons de campagne et plus élevé dans les canons de plus grande puissance, la rayure parabolique donne, dans le canon de campagne, un effort maximum à peu près égal à celui de la rayure hélicoïdale; mais elle donne, dans les canons de plus grande puissance, une diminution sensible de cet effort.

La rayure parabolique, plaçant l'effort maximum des parois forçantes à la bouche, tandis que la rayure hélicoïdale place cet effort vers l'origine, peut aussi donner une diminution de la pression maximum des gaz; mais cette diminution est très-faible, parce que la force vive de rotation est toujours très-faible par rapport à la force vive de translation, et les nombreuses expériences dans lesquelles on a comparé les deux rayures n'ont jamais permis d'attribuer à l'emploi de l'une ou de l'autre aucune influence sensible sur la grandeur de la pression des gaz ou sur la résistance des canons.

94. Si la variation de l'inclinaison des rayures a l'avantage de diminuer l'effort maximum des parois forçantes, elle a aussi l'inconvénient de demander aux divers points de la surface d'appui des vitesses inégales et de déterminer ainsi un effort de torsion, qui peut nuire à la régularité du mouvement dans l'âme et augmenter les chances de dégradation du projectile et du canon.

Si nous représentons par d la distance de deux sections transversales, la différence des vitesses que les parois forçantes tendent à imprimer à chacune d'elles est représentée par $\dfrac{v\tan z\, d}{l}$, et la différence des accélérations est représentée par $\dfrac{v^2\tan z\, d}{l^2}$.

L'effort de torsion résultant de cette différence est

proportionnel à la distance des deux sections, à la tangente de l'inclinaison finale des rayures et au carré de la vitesse de translation. Il est inversement proportionnel au carré de la longueur d'âme.

Il est négligeable, quand la surface d'appui est courte, la rayure peu inclinée, la vitesse faible et l'âme longue.

Il est considérable quand le projectile est maintenu par des surfaces d'appui très-longues ou très-écartées, les rayures très-inclinées, la vitesse grande et l'âme courte.

Dans l'artillerie nouvelle, en augmentant la vitesse, on augmente aussi la longueur de l'âme, et le rapport de ces deux quantités n'est pas sensiblement diminué; mais on augmente aussi beaucoup la longueur du projectile, et l'on est par là conduit à augmenter l'inclinaison des rayures et la longueur ou l'écartement des surfaces d'appui du projectile sur l'âme.

Ces dispositions ne peuvent être employées avec la rayure parabolique, parce qu'elles déterminent un effort de torsion trop considérable.

Un forcement régulier ne peut être obtenu, sur une rayure d'inclinaison variable, que par une surface d'appui de faible longueur, et la longueur d'appui doit être d'autant plus faible que l'inclinaison varie plus rapidement.

C'est pourquoi nous considérons l'emploi exclusif de la rayure hélicoïdale comme la conséquence nécessaire de l'allongement des projectiles et de la diminution du pas des rayures.

Pression des rayures.

95. La pression exercée par le projectile sur les rayures détermine une pression égale et contraire, exercée par les rayures sur le projectile.

Le projectile étant animé à chaque instant d'une

translation parallèle à l'axe du canon et d'une rotation normale à l'axe et au rayon de l'âme, la pression des rayures retarde le mouvement de translation, accélère le mouvement de rotation et détermine un frottement qui retarde les deux mouvements.

Soient

n le nombre des rayures;

p la pression de chaque rayure;

P la pression totale;

f le coefficient de frottement des surfaces d'appui du projectile et de l'âme;

F l'effort normal à l'axe et au rayon de l'âme, qui détermine la rotation.

La pression de chaque rayure est normale à la paroi forçante, et si cette paroi est dirigée suivant le rayon, la pression est dans le plan des deux mouvements de translation et de rotation.

Elle fait, avec la rotation, un angle égal à l'inclinaison de la rayure; et, avec la translation, un angle complémentaire de cette inclinaison.

Elle donne deux composantes normales au rayon, l'une suivant la translation, qui est $p \sin \alpha$, l'autre suivant la rotation, qui est $p \cos \alpha$.

Le frottement que la pression détermine donne aussi deux composantes, l'une suivant la translation, qui est $fp \cos \alpha$, l'autre suivant la rotation, qui est $fp \sin \alpha$.

L'effort de rotation que détermine chaque rayure est la différence des deux composantes, dirigées suivant la rotation, $p \cos \alpha - fp \sin \alpha$, et par suite égal à la pression, multipliée par la différence du cosinus de l'inclinaison de la rayure et du produit du coefficient de frottement par le sinus de l'inclinaison.

L'effort total qui agit sur la surface normalement à l'axe et au rayon pour déterminer la rotation est par suite égal à la pression totale, multipliée par la différence, $\cos\alpha - f\sin\alpha$, et la pression totale est égale à l'effort de rotation divisé par cette différence.

$$F = np\cos\alpha - fnp\sin\alpha = np(\cos\alpha - f\sin\alpha) = P(\cos\alpha - f\sin\alpha),$$

$$P = \frac{F}{\cos\alpha - f\sin\alpha}.$$

96. Si la paroi forçante n'est pas dirigée suivant le rayon de l'âme, et fait avec ce rayon un angle β, la pression de chaque rayure donne encore deux composantes normales au rayon, l'une suivant la translation, qui est $p\sin\alpha\cos\beta$, l'autre suivant la rotation, qui est $p\cos\alpha\cos\beta$.

Mais elle donne une troisième composante suivant le rayon, qui est $p\sin\beta$.

Le frottement que détermine la pression donne aussi trois composantes :

l'une suivant la translation, qui est.......... $fp\cos\alpha\sin\beta$;

l'autre suivant la rotation, qui est.......... $fp\sin\alpha\sin\beta$,

et la troisième suivant le rayon, qui est...... $fp\cos\beta$.

L'effort de rotation que détermine chaque rayure est la différence des deux composantes dirigées suivant la rotation, $p\cos\alpha\cos\beta - fp\sin\alpha\sin\alpha\beta$, et par suite égal à la pression, multipliée par la différence des deux produits $\cos\alpha\cos\beta$ et $f\sin\alpha\sin\beta$.

L'effort total qui agit sur la surface, normalement à l'axe et au rayon, pour déterminer la rotation, est par suite égal à la pression totale, multipliée par la différence, $\cos\alpha\cos\beta - f\sin\alpha\sin\beta$, et la pression totale est égale à l'effort de rotation divisé par cette différence.

$$F = np \cos\alpha \cos\beta - f np \sin\alpha \sin\beta$$
$$= np (\cos\alpha \cos\beta - f \sin\alpha \sin\beta) = P (\cos\alpha \cos\beta - f \sin\alpha \sin\beta),$$

$$P = \frac{F}{\cos\alpha \cos\beta - f \sin\alpha \sin\beta}.$$

Si la rayure est hélicoïdale, la pression est

$$\frac{4M}{a^2} \frac{dv}{dt} \frac{\tan\alpha}{\cos\alpha \cos\beta - f \sin\alpha \sin\beta}.$$

La pression moyenne est

$$\frac{2MV^2}{la^2} \frac{\tan\alpha}{\cos\alpha \cos\beta - f \sin\alpha \sin\beta}.$$

La pression maximum est

$$\frac{2h MV^2}{la^2} \frac{\tan\alpha}{\cos\alpha \cos\beta - f \sin\alpha \sin\beta}.$$

Si la rayure est parabolique, la pression est

$$\frac{4M}{a^2} \left(\frac{dv}{dt} \frac{x}{l} + \frac{v^2}{l} \right) \frac{\tan\alpha}{\cos\alpha \cos\beta - f \sin\alpha \sin\beta}.$$

La pression moyenne est

$$\frac{4MV^2}{la^2} \frac{\tan\alpha}{\cos\alpha \cos\beta - f \sin\alpha \sin\beta}.$$

La pression maximum est

$$\frac{2(h' + 2)MV^2}{la^2} \frac{\tan\alpha}{\cos\alpha \cos\beta - f \sin\alpha \sin\beta}.$$

La pression normale à la rayure, P, est ainsi déduite de la valeur précédemment déterminée de la composante normale à l'axe et au rayon, F, qui détermine la rotation du projectile autour de son axe.

Si l'on détermine d'abord la pression normale, on a l'effort de rotation, en multipliant la pression normale par $\cos\alpha\cos\beta - f\sin\alpha\sin\beta$.

Pour avoir la composante parallèle à l'axe, qui tend à retarder la translation, il suffit de multiplier la pression normale par $\sin\alpha\cos\beta + f\cos\alpha\sin\beta$.

Pour avoir la composante dirigée suivant le rayon, qui tend à écraser les surfaces d'appui, il suffit de multiplier la pression normale par $\sin\beta - f\cos\beta$.

Il est à remarquer que cette évaluation suppose le projectile de forme invariable.

Si le projectile est forcé par une enveloppe de métal malléable, dont la section transversale est un peu plus grande que la section de l'âme, il faut ajouter aux pressions calculées dans l'autre hypothèse les efforts nécessaires pour modifier la surface du projectile et la ramener aux dimensions de l'âme.

97. La pression exercée par chaque rayure n'a pas seulement pour effet de retarder la translation du projectile et de déterminer sa rotation autour de l'axe de l'âme.

Elle tend aussi à produire une translation normale à l'axe et une rotation autour d'une droite normale à l'axe passant par le centre de gravité du projectile.

Soient

F, A, R les trois composantes de la pression;

M′ le moment d'inertie du projectile pris par rapport à un axe transversal passant par le centre de gravité;

r le rayon de l'âme;

d la distance du centre de gravité à la section transversale sur laquelle agit la pression de la rayure.

La composante normale à l'axe et au rayon F, qui détermine la rotation du projectile autour de son axe, tend aussi à produire une rotation autour d'un axe transversal passant par le centre de gravité.

L'accélération de rotation angulaire qu'elle détermine est $\dfrac{Fr}{M}$ pour le premier de ces mouvements, et $\dfrac{Fd}{M'}$ pour le second.

La composante parallèle à l'axe tend à produire une rotation autour d'un axe transversal passant par le centre de gravité, dont l'accélération est $\dfrac{Ar}{M'}$.

La composante dirigée suivant le rayon tend à produire une rotation autour d'un axe transversal passant par le centre de gravité, dont l'accélération est $\dfrac{Rd}{M'}$.

98. Si les rayures, disposées symétriquement sur le contour de la section transversale, exercent sur le projectile des efforts égaux, symétriquement disposés et assez faibles pour ne déterminer aucune déformation, les actions déviatrices se font équilibre et les déviations latérales sont annulées.

Mais, comme les pressions des rayures ne sont jamais exactement égales et sont souvent assez grandes pour déterminer l'écrasement des surfaces d'appui, les actions déviatrices ne se font jamais équilibre et les déviations latérales ne sont jamais complétement annulées.

On peut les réduire, en plaçant le centre d'action de chaque rayure sur la section transversale qui passe au centre de gravité.

Les accélérations déviatrices $\dfrac{Fd}{M'}$ et $\dfrac{Rd}{M'}$, que déterminent deux des composantes, sont annulées par cette disposition.

Si d'autres considérations nécessitent une autre disposition des surfaces d'appui, on peut encore réduire les déviations en opposant à chaque surface d'appui, placée en dehors de la section du centre de gravité, une surface semblable symétriquement placée par rapport à ce centre.

Les déviations angulaires du projectile et l'amplitude de ses battements peuvent être ainsi beaucoup diminuées et sont d'autant plus petites que l'écartement des deux surfaces d'appui est plus grand.

Surface d'appui.

99. Quel que soit le mode de forcement du projectile dans l'âme, il faut que les surfaces d'appui du projectile et des parois forçantes aient une étendue et une résistance suffisantes pour supporter la pression maximum exercée par le projectile sur les cloisons.

Soient

P la pression normale aux surfaces d'appui ;

S la surface d'appui du projectile sur l'âme ;

T la ténacité du métal de cette surface ;

E la limite d'élasticité du métal de l'âme ;

f le coefficient de frottement des deux métaux.

Pour que les surfaces d'appui du projectile et de l'âme résistent à la pression qu'elles supportent, il faut et il suffit que la limite de résistance du métal soit, pour chacune d'elles, au moins égale à la pression maximum divisée par la surface.

L'âme devant supporter un grand nombre de coups, il est nécessaire de prendre pour limite de sa résistance la limite d'élasticité et de la préserver ainsi de toute déformation permanente sensible, tandis que pour le projectile, qui ne doit servir qu'une fois, il suffit de prendre pour limite de la résistance la limite de rupture.

On est ainsi conduit à exprimer les conditions de résistance des deux surfaces d'appui par les deux relations

$$SE \geq P_{M}, \quad ST \geq P_{M}.$$

Si la première condition n'est pas remplie, les cloisons s'usent, le canon perd sa justesse et peut être mis rapidement hors de service.

Si la seconde ne l'est pas, la surface d'appui du projectile s'use sur la paroi forçante, les saillies conservées entre les cloisons se rétrécissent; et si la rayure est de largeur constante, il se produit un vide sur la paroi talon.

La première condition est nécessaire et facile à remplir quand l'âme est formée d'un métal très-élastique, tel que l'acier.

La seconde, toujours utile, n'est pas absolument nécessaire, parce que l'usure des surfaces d'appui du projectile peut être compensée, quand elle est faible, par le rétrécissement des rayures et l'élargissement des cloisons.

Mais si la seconde condition n'est pas réalisée, si la résistance de la surface d'appui du projectile est inférieure à la pression des parois forçantes, il faut du moins que le rapport de la résistance à la pression soit assez voisin de l'unité pour que l'usure soit faible et puisse être facilement compensée.

S'il n'en est pas ainsi, les cloisons tracent des empreintes de largeur variable et supérieure à leur largeur maxima. La direction imprimée au projectile varie ainsi d'un coup à l'autre. Les saillies conservées entre les cloisons sont rétrécies et peuvent même être complétement enlevées, de telle sorte que le projectile, rasé au niveau de la surface intérieure des cloisons, n'est plus dirigé par elles et sort de l'âme avec un mouvement de rotation très-différent de celui qu'il devrait avoir.

Profil.

100. La section faite dans la rayure par un plan normal à l'axe, que nous appellerons son profil, est formée de quatre lignes qui sont : la surface intérieure de la cloison, la paroi forçante, le fond de la rayure, et la paroi talon.

Si l'une de ces lignes est dirigée suivant le rayon de l'âme, la surface d'appui qu'elle engendre exerce sur le projectile une pression qui retarde la translation et accélère la rotation ; mais elle ne détermine aucun effort suivant le rayon.

La composante qui retarde la translation est faible. La composante qui accélère la rotation est relativement grande et peu inférieure à la pression totale.

Si le profil présente des lignes normales au rayon, les surfaces cylindriques engendrées par ces lignes, ayant leur centre sur l'axe de l'âme, arrêtent les mouvements irréguliers du projectile, et tendent à maintenir son axe de figure et son axe de rotation sur l'axe de l'âme.

Mais elles n'exercent aucune pression sur le projectile, supposé de forme constante, tant qu'il conserve un mouvement régulier et reste animé d'une translation parallèle à l'axe de l'âme et d'une rotation autour de cet axe.

Si le profil présente des lignes obliques au rayon, les surfaces engendrées par ces lignes exercent une pression qui a trois composantes. La première, parallèle à l'axe, retarde la translation. La deuxième, normale à l'axe et au rayon, accélère la rotation. La troisième, dirigée suivant le rayon, pousse la surface du projectile vers l'axe de l'âme, l'éloigne du fond de la rayure pour le rapprocher de la surface de la cloison, et peut être utile pour mieux assurer le forcement du projectile; mais elle peut aussi être nuisible, parce qu'elle tend à écraser les surfaces d'appui.

Afin d'éviter cet écrasement, il paraît utile d'éviter l'emploi des lignes obliques au rayon et de former le profil de lignes normales au rayon, pour diriger la translation, et de lignes dirigées suivant ce rayon, pour déterminer la rotation.

On est ainsi conduit à faire la surface de la cloison et le fond de la rayure concentriques à l'âme, en dirigeant les parois suivant les rayons.

Mais cette disposition, trop absolument appliquée, a l'inconvénient de créer, dans les angles rentrants, des arêtes vives qui peuvent diminuer la résistance du canon.

La pression des gaz et l'effort exercé par le projectile, agissant sur le fond de la rayure et sur la paroi, suivant deux directions différentes, tendent à les séparer, suivant leur intersection.

Si la paroi est plane et normale au fond, la séparation est facilitée par l'arête vive que forme, dans l'angle rentrant, l'intersection de deux plans se coupant à angle droit.

Pour empêcher la formation des fissures qui pourraient se produire suivant cette arête, il faut adoucir l'angle rentrant et raccorder la surface de la cloison avec le fond de la rayure, par une paroi courbe tangente au fond.

On prend généralement pour profil de cette paroi un arc de cercle dont le rayon varie du double au triple de la profondeur.

Si le rayon est plus petit, la résistance de l'angle rentrant peut être trop faible.

Si le rayon est plus grand, l'angle rentrant est mieux protégé; mais l'obliquité de la surface donne suivant le rayon une pression plus grande, et peut déterminer l'écrasement des surfaces d'appui.

Profondeur.

101. Il est utile de réduire autant que possible la profondeur des rayures, parce qu'elles forment dans le canon des lignes de rupture d'autant plus dangereuses qu'elles sont plus profondes.

La pression des gaz et l'effort exercé par le projectile, agissant sur le fond des rayures et sur les cloisons suivant deux directions très-différentes, tendent à produire des fissures, suivant les angles rentrants formés par le fond de la rayure et les parois des cloisons.

Pour empêcher ces fissures, il faut adoucir les angles rentrants, en raccordant le fond de la rayure avec la surface intérieure de la cloison, par une surface courbe, et diminuer l'effort exercé sur les parois de la cloison par les gaz et le projectile, en diminuant la profondeur de la rayure.

On aura d'ailleurs ainsi l'avantage de diminuer la hauteur des saillies conservées sur le projectile entre les cloisons et la résistance que ces saillies opposent au mouvement dans l'air.

La réduction de la profondeur des rayures pouvant être assez facilement compensée par l'augmentation de leur nombre ou par l'accroissement de la longueur d'appui du projectile, le seul inconvénient que présente cette réduction est d'exagérer les variations du forcement, qui résultent des variations de dimensions de la rayure ou du projectile, et la seule limite qui paraisse devoir l'arrêter est la limite des tolérances admises dans la fabrication.

Une variation du diamètre du projectile ou de la profondeur des rayures, égale au cinquième de cette profondeur, détermine une variation du forcement, qui peut augmenter ou diminuer la vitesse initiale de un deux-centième, et la portée de un centième.

De telles variations ne pouvant être admises que comme limites extrêmes, il est prudent de ne pas tolérer, sur le diamètre du projectile et la profondeur des rayures, des erreurs de dimensions dont la somme pourrait être égale au cinquième de cette profondeur, et, si l'on ne peut diminuer les tolérances, il est nécessaire de donner à la rayure une profondeur cinq fois plus grande que l'erreur de dimension admise.

En l'état actuel de la fabrication, il paraît difficile de demander une tolérance inférieure à un dixième de millimètre sur le diamètre de l'âme et sur celui des surfaces d'appui du projectile.

On est par là conduit à admettre que la profondeur des rayures doit être de 1 millimètre pour tous les canons.

Il est d'ailleurs évident qu'en perfectionnant les procédés de fabrication, et augmentant dans un certain rapport le degré de précision obtenu, on pourra parvenir à diminuer dans le même rapport la profondeur donnée aux rayures.

102. Si l'on conserve, jusqu'à la position initiale des ceintures, une profondeur constante à la rayure et une hauteur constante à la cloison, on donne à écraser aux cloisons, dès l'origine du mouvement, toute la hauteur de métal qu'elles ont à déplacer, et on les oblige à accomplir tout leur travail d'écrasement, pendant le temps très-court que le projectile emploie à s'avancer d'une longueur égale à la longueur d'appui des ceintures.

On peut ainsi déterminer une fatigue dangereuse pour le canon, ou par l'écrasement brusque de la ceinture, ou par l'augmentation de la pression des gaz que produira le retard du mouvement du projectile.

Pour régulariser le forcement et faciliter la mise en marche du projectile, il paraît utile de diminuer, vers l'arrière de l'âme, la profondeur de la rayure et la hauteur de la cloison.

Le mieux paraît être de raccorder la surface supérieure des cloisons avec la chambre du projectile, par un tronc de cône très-incliné, en prolongeant les rayures jusqu'à l'arrière de ce raccordement.

Cette disposition diminuera la résistance que le projectile rencontre au départ, et le danger que l'écrasement du métal des ceintures peut présenter, parce qu'elle retardera cet écrasement jusqu'au moment où le projectile, ayant parcouru un assez grand espace et laissant derrière lui un assez grand vide, la pression des gaz, après avoir atteint son maximum, aura éprouvé une diminution assez sensible.

Les cloisons, dont la hauteur augmentera de l'arrière à l'avant du raccordement, pénétreront peu à peu dans le métal des ceintures comme de véritables coins, et produiront ainsi un forcement plus complet et plus régulier.

Nombre.

103. La surface d'appui du projectile sur l'âme est égale à la longueur d'appui multipliée par la profondeur et par le nombre des rayures.

L'étendue de cette surface étant déterminée par le rapport de la pression des parois forçantes à la ténacité du métal du projectile, nous avons à déterminer la valeur de chacun des trois facteurs dont elle est le produit.

La longueur d'appui, qui est le premier facteur, est limitée par la condition de conserver la forme ogivale ou conique de l'avant, de ne pas donner aux cloisons un trop grand volume de métal à écraser, de ne pas trop augmenter le prix des ceintures et de ne pas déterminer avec la rayure parabolique un effort de torsion exagéré.

La profondeur des rayures, qui est le second facteur, doit être réduite autant que possible, parce que les rayures forment des lignes de rupture d'autant plus dangereuses qu'elles sont plus profondes.

Le premier facteur étant limité, et le second devant être aussi petit que possible pour conserver à la surface d'appui l'étendue nécessaire, il faut augmenter autant que possible le troisième facteur qui est le nombre des rayures.

Le nombre des rayures étant le rapport de la circonférence de l'âme à la somme des largeurs de la rayure et de la cloison, il faut, pour multiplier les rayures, réduire autant que possible la largeur de la rayure et la largeur de la cloison.

Largeur.

104. La largeur de la cloison doit être assez grande pour empêcher l'arrachement de la cloison que la pression du projectile sur la paroi forçante tend à détacher du reste de l'âme.

La largeur de la rayure doit être assez grande pour empêcher l'arrachement de la saillie conservée sur le projectile entre les cloisons, saillie que la pression des parois forçantes tend à détacher du reste du projectile.

Les largeurs minima déterminées par ces conditions, pour la cloison et la rayure, sont les largeurs qu'il faut leur donner.

En leur donnant des largeurs plus grandes, on diminuerait inutilement le nombre des rayures et des parois forçantes. La surface d'appui serait moindre et la direction du projectile moins bien assurée.

105. On peut d'ailleurs reconnaître, par d'autres considérations, qu'il est essentiel de réduire autant que possible la largeur de la cloison.

Le travail du forcement peut être considéré comme formé de deux parties : l'une nuisible qui est le déplacement du métal placé sous les cloisons, et l'autre utile qui est la direction des surfaces d'appui du projectile.

Pour augmenter le travail utile et diminuer le travail nuisible, il faut, autant que possible, augmenter les surfaces d'appui et diminuer le volume du métal à écraser.

Le volume à écraser étant égal à la surface d'appui multipliée par la largeur de la cloison, le rapport du travail nuisible au travail utile est proportionnel à cette largeur, et pour réduire ce rapport il faut réduire autant qu'on le peut la largeur de la cloison.

106. Pour régulariser le forcement et faciliter la mise en marche du projectile, il paraît utile de réduire la hauteur des cloisons à l'origine et de raccorder la surface supérieure des cloisons avec la chambre du projectile par un tronc de cône très-incliné.

Pour compléter l'effet de cette disposition, il paraît utile de réduire à l'origine, non-seulement la hauteur, mais aussi la largeur de la cloison, et de la faire croître régulièrement de l'origine à la bouche.

Si l'on conserve aux cloisons une largeur constante, l'écrasement du métal de la ceinture par les cloisons est complétement achevé lorsque l'arrière de la ceinture est arrivé à l'avant du raccordement, au point où la rayure atteint toute sa profondeur.

Les ceintures continuant à s'user sur les parois for-

çantes, il se produit un vide sur la paroi talon, par lequel les gaz peuvent s'échapper. La direction du projectile est moins bien assurée. Les cloisons ne sont plus
soutenues, comme elles devraient l'être, par une pression
sur la paroi talon, opposée à la pression exercée sur la
paroi forçante. Les saillies conservées entre les rayures
ne sont pas non plus soutenues, comme elles devraient
l'être, par les deux pressions opposées de la paroi forçante et de la paroi talon.

Ces saillies s'usant inégalement, la forme extérieure
du projectile et la vitesse de rotation dont il est animé
au sortir de l'âme varient d'un coup à l'autre.

Pour obvier à ces inconvénients, il paraît utile de
faire croître la largeur des cloisons, de l'avant du raccordement à la bouche.

On pourra ainsi compenser l'usure des surfaces d'appui du projectile, soutenir les deux faces opposées de
chaque cloison, par des pressions à peu près égales exercées par les ceintures, maintenir et régulariser, par la
pression des deux parois de la rayure, la saillie conservée
sur le projectile entre ces parois, et obtenir ainsi à la
bouche une forme extérieure du projectile et une vitesse
de rotation qui seront les mêmes à chaque coup.

Cette disposition ne causera aucune fatigue dangereuse
à l'âme, parce que son effet se produira seulement après
que les empreintes des cloisons auront atteint toute leur
profondeur, et alors que le projectile, ayant parcouru un
assez grand espace et laissant derrière lui un assez grand
vide, la pression des gaz, après avoir atteint son maximum,
aura déjà éprouvé une diminution assez sensible.

Le forcement ainsi déterminé par l'élargissement graduel des cloisons n'aura aucun effet nuisible. Il ne pourra
ni fatiguer l'âme, ni augmenter la pression dans le voi-
sinage du maximum.

Il sera au contraire très-utile, parce qu'en opposant une résistance au mouvement du projectile dans l'âme, alors que la pression diminue très-vite, il diminuera l'abaissement de cette pression, déterminera l'accroissement de la pression à la bouche, rapprochera l'accélération maximum de l'accélération moyenne, et augmentera ainsi la vitesse du projectile à la bouche et le rendement de la charge.

107. L'augmentation du forcement, toutes choses égales d'ailleurs, détermine toujours une augmentation du rendement et de la vitesse initiale.

Le projectile, arrivant à la bouche, peut être considéré comme animé de deux forces vives de translation, dont l'une est celle de son mouvement apparent, et l'autre celle qu'il emploie à vaincre les résistances opposées par la surface de l'âme à son mouvement.

Lorsqu'il abandonne le canon, cette seconde partie latente de la force vive apparaît et s'ajoute à l'autre, l'âme n'étant plus là pour l'annuler.

Cette seconde partie est évidemment plus grande quand le forcement est plus grand, tandis que la première est à peu près la même, la diminution de vitesse causée par l'augmentation du forcement étant compensée par l'augmentation de la pression des gaz.

Ces faits sont pleinement confirmés par l'expérience. L'augmentation du forcement donne toujours une augmentation de pression, de vitesse et de portée.

108. Les cloisons dont la largeur augmente de l'origine à la bouche, agissant sur le métal des ceintures comme de véritables coins, reçoivent habituellement le nom de *rayures en coin*.

Elles sont souvent nommées aussi et méritent d'être

nommées *rayures progressives*, parce qu'elles ont pour effet de régulariser les progrès de la marche du projectile.

Elles sont utiles pour compenser l'usure des ceintures, soutenir les cloisons et les saillies conservées sur le projectile entre les cloisons, régulariser la forme et la vitesse du projectile.

Elles sont utiles enfin pour augmenter le rendement de la charge et la vitesse initiale du projectile, et nous paraissent constituer l'un des meilleurs moyens d'obtenir l'augmentation des vitesses, parce qu'elles donnent cette augmentation sans aucun accroissement de la pression maximum des gaz ou de la fatigue du canon.

Disposition proposée.

109. Appliquant les considérations précédentes au canon projeté, nous ferons les rayures hélicoïdales et nous fixerons leur inclinaison à 5 degrés.

La surface du fond des rayures et la surface intérieure des cloisons seront cylindriques et concentriques à l'âme.

La profondeur des rayures, qui est la distance de ces deux surfaces, sera fixée à 1 millimètre.

Le diamètre de l'âme entre les cloisons étant de 73 millimètres, le diamètre au fond des rayures sera de 75 millimètres.

Les flancs seront profilés suivant des arcs de cercle, tangents au fond des rayures, qui auront $2^{mm},5$ de rayon.

Le cylindre de l'avant sera rayé dans toute sa longueur.

Le cylindre du fond des rayures se prolongera en arrière, jusqu'à la rencontre du tronc de cône incliné au cent-vingtième, qui raccorde le cylindre de l'âme avec le cylindre de la chambre.

La surface intérieure des cloisons formera ainsi à

l'avant un cylindre ayant 73 millimètres de diamètre et 1650 millimètres de longueur, et à l'arrière un tronc de cône ayant 73 millimètres de diamètre à l'avant, 73 millimètres de diamètre à l'arrière, et 120 millimètres de longueur.

La profondeur des rayures, nulle à l'origine, croîtra régulièrement jusqu'à l'avant du tronc de cône, où elle atteindra 1 millimètre, et restera constante au delà de ce point.

La largeur de la cloison sera de $1^{mm},5$ à l'avant du tronc de cône, et croîtra régulièrement jusqu'à la bouche où elle atteindra $5^{mm},5$.

La largeur des rayures diminuera ainsi régulièrement de l'arrière à l'avant.

Leur nombre étant fixé à 20, leur largeur, à la partie supérieure, aura $9^{mm},8$ à l'arrière du cylindre et $5^{mm},8$ à la bouche.

Leur largeur, au fond, aura $6^{mm},3$ à l'arrière du tronc de cône, 6 millimètres à l'arrière du cylindre et 2 millimètres à la bouche.

Le pas de la paroi forçante sera de 2600 millimètres. Le pas de la paroi talon sera de 2666 millimètres.

L'inclinaison de la paroi forçante, l'angle que l'intersection du fond de la rayure et de cette paroi fait avec la génératrice du fond sera de 5 degrés.

L'avant des rayures sera coupé à la bouche par un petit évasement tronconique, destiné à le préserver des dégradations.

110. Le diamètre des couronnes du projectile est réglé de telle manière que l'arrière de la septième couronne s'arrête à l'origine des rayures, le projectile s'appuyant par les sept premières couronnes sur le tronc de cône des cloisons.

Lorsque le projectile est porté en avant par l'action de la poudre, il se force dans le tronc de cône, le diamètre des couronnes se réduisant graduellement sous les cloisons, jusqu'à ce qu'à l'entrée du cylindre il devienne égal au calibre de l'âme, qui est aussi le diamètre du fond des rainures.

Les couronnes s'effacent ainsi sous les cloisons, le plomb passant dans les rayures, et le projectile avançant dans le cylindre de l'âme porte sur les cloisons par le fond des rainures, les couronnes n'existant plus que dans les rayures et s'y rétrécissant graduellement sous la pression des cloisons dont la largeur augmente.

Les cloisons agissent ainsi comme de véritables coins, effaçant graduellement, dans le tronc de cône, la partie des couronnes qui leur correspond, et rétrécissant graduellement, dans le cylindre, la partie des couronnes restée dans les rayures.

111. La surface d'appui des couronnes sur les parois forçantes a 67 millimètres carrés pour chaque rayure, et 1340 millimètres carrés pour les vingt rayures.

La ténacité du plomb étant d'environ 3 kilogrammes par millimètre carré, la résistance de la surface d'appui des couronnes est de 201 kilogrammes pour chaque rayure.

L'élasticité de l'acier étant au moins égale à 20 kilogrammes par millimètre carré, la résistance élastique de la surface d'appui de la paroi forçante est au moins égale à 1340 kilogrammes pour chaque paroi.

L'effort exercé par les parois forçantes, normalement à l'axe et au rayon pour déterminer la rotation du projectile autour de son axe, a une valeur moyenne de 780 kilogrammes et une valeur maxima de 15 600 kilogrammes.

L'effort exercé par les parois forçantes normalement

aux surfaces d'appui a une valeur moyenne de 7950 kilogrammes, et une valeur maxima de 15 900 kilogrammes.

La surface sur laquelle agit cet effort ayant 1340 millimètres carrés, la pression normale aux surfaces d'appui
a une valeur moyenne de $\frac{7950}{1340}$ ou $5^{kg},9$ par millimètre
carré, et une valeur maxima de $\frac{15900}{1340}$ ou $11^{kg},9$ par millimètre carré.

La pression maximum est de beaucoup inférieure à la
limite d'élasticité de l'acier et ne peut par suite produire
aucune déformation permanente des rayures.

Elle est à peu près quatre fois plus grande que la ténacité du plomb, et détermine une usure de la surface d'appui des couronnes, qui sera compensée par l'élargissement
graduel des cloisons.

CHAPITRE X.

DISPOSITION GÉNÉRALE DU CANON.

Disposition du canon.

112. Le canon est en acier fondu martelé et trempé à l'huile.

Il est destiné à tirer, avec la charge normale de $1^{kg},2$, un obus, en fonte, de 5 kilogrammes et un obus à balles, en fonte dure ou en acier, de $6^{kg},1$.

Les deux obus sont dirigés dans l'âme par un manteau mince et dix couronnes de plomb. Ils sont ogivo-cylindriques. Le rapport de leur longueur au calibre est 3,3. L'ogive a un calibre et demi de hauteur et deux calibres et demi de rayon.

Le diamètre de l'âme entre les cloisons des rayures, diamètre que nous appelons son calibre, est de 73 millimètres. Il est égal au diamètre extérieur du manteau de plomb de l'obus.

Le diamètre de l'âme au fond des rayures est de 75 millimètres. Il est supérieur de 1 millimètre au diamètre extérieur de la couronne avant de l'obus, et inférieur de $\frac{1}{2}$ millimètre au diamètre extérieur de la couronne arrière.

Le diamètre de la chambre est de 77 millimètres.

L'âme et la chambre sont raccordées par un tronc de cône incliné au cent-vingtième, dans lequel le projectile se force par ses couronnes.

Les rayures sont hélicoïdales. La directrice de la paroi forçante fait avec l'axe du canon un angle de 5 degrés. Le pas de la paroi forçante à 2^m,600. Le pas de la paroi talon à 2^m,666.

Les rayures sont au nombre de 20. Leur profondeur est de 1 millimètre. La largeur des cloisons à 1^{mm},5 à l'arrière du cylindre de l'âme et 5^{mm},5 à la bouche.

Le canon se charge par la culasse. La disposition adoptée pour la culasse est à peu près celle du canon de 4 prussien, modèle 1867.

L'âme est fermée par un verrou formé de deux coins placés dans une mortaise transversale ouverte au milieu de la culasse.

L'obturation est obtenue par une rondelle d'acier encastrée dans le coin d'avant, et un anneau obturateur de cuivre, appuyé en arrière sur la rondelle et engagé en avant dans une fraisure ouverte à l'arrière de la chambre.

L'âme, de l'arrière du projectile à la bouche, a 1810 millimètres de longueur. La chambre a 320 millimètres. La mortaise du verrou a 90 millimètres. La longueur conservée à l'arrière de la mortaise est de 80 millimètres.

La longueur totale du canon est de 2300 millimètres.

Les tourillons sont portés par une frette.

L'axe des tourillons est à 900 millimètres de l'arrière.

Le canon pèse 465 kilogrammes. Le verrou pèse 25 kilogrammes.

La prépondérance à la culasse est de 35 kilogrammes.

Poids du canon.

113. Le volume du métal du canon est de 59600 centimètres cubes.

Le poids du canon est de 465 kilogrammes, la densité de l'acier étant de 7,8.

Le poids du verrou qui ferme la culasse est de 25 kilogrammes.

Si l'on admet que la somme des quantités de mouvement transmises au canon est égale à la somme des quantités de mouvement transmises au projectile et à la charge, la vitesse maxima du recul est égale à la vitesse du projectile au sortir de l'âme, multipliée par le poids du projectile et de la charge, et divisée par le poids du canon.

La vitesse initiale du projectile étant de 490 mètres par seconde, le poids du projectile et de la charge étant de $6^{kg}, 2$ et le poids du canon avec verrou de 490 kilogrammes, la vitesse maxima de recul est de 6 mètres par seconde.

La diminution du forcement initial, l'allongement de l'âme, la réduction de la densité de chargement et l'emploi d'une poudre lente ayant pour effet de régulariser l'accroissement de la vitesse du projectile et de retarder le moment où elle atteint son maximum, auront aussi pour effet de régulariser l'accroissement de la vitesse de recul du canon et de retarder le moment où elle atteint son maximum.

Le recul sera ainsi moins brusque et moins dangereux pour l'affût.

Prépondérance de la culasse.

114. Le centre de gravité du canon, sans verrou, est à 892 millimètres de l'arrière et à 1408 millimètres de l'avant.

Le canon, sans verrou, se trouve ainsi à peu près en équilibre sur ses tourillons.

Le centre de gravité du canon avec verrou est 852 millimètres de l'arrière, à 1448 millimètres de l'avant et à 48 millimètres en arrière de l'axe des tourillons.

Si l'on place l'appui de la vis ou de l'appareil de pointage sous la face inférieure de la culasse, à 100 millimètres de l'arrière, la prépondérance à la culasse est de 30 kilogrammes.

Elle est de 35 kilogrammes lorsque le canon est chargé.

Elle est ainsi égale à la quatorzième partie du poids du canon.

L'ensemble des expériences faites sur les canons lisses paraît indiquer que la prépondérance à la culasse augmente la justesse du tir.

L'augmentation de justesse ainsi obtenue est faible et ne s'est pas d'ailleurs reproduite dans quelques-unes des expériences faites avec les canons rayés.

On pourrait probablement supprimer la prépondérance à la culasse, sans altérer sensiblement la justesse du tir, et l'on aurait ainsi l'avantage de pouvoir assez aisément tirer sous les plus grands angles, en renversant la position normale du canon et plaçant la volée du côté de la crosse.

Mais, en supprimant la prépondérance de la culasse, on serait obligé d'ajouter à l'affût un dispositif spécial destiné à maintenir le canon pendant la route, pendant le pointage et pendant le tir. Il serait peut-être difficile d'en trouver un plus simple, plus commode et plus sûr que la prépondérance de la culasse et son appui sur une vis.

Avec cette disposition, le pointeur peut facilement obtenir seul le pointage en hauteur, par un mouvement continu et régulier. Il retrouve après le tir ce pointage peu modifié. Il peut par suite le rectifier plus rapidement et obtenir encore des résultats utiles, à petite distance, si l'approche de l'ennemi ne lui a pas laissé le temps de rectifier.

C'est par ces motifs que l'ancienne artillerie avait été conduite, après beaucoup d'expériences, à placer la prépondérance à la culasse et l'avait fixée, pour les canons de campagne, à la quatorzième partie du poids du canon.

Il a paru utile de suivre cet exemple et de conserver le même rapport entre la prépondérance et le poids.

En diminuant ce rapport, on diminuerait la stabilité de la pièce. En l'augmentant, on accroîtrait la pression de la culasse sur la vis et la pression de la crosse sur le terrain, et l'on pourrait ainsi gêner le pointage en hauteur et la mise en batterie.

Manœuvres de force.

115. Le canon, étant long et léger, pourra être assez facilement enlevé et transporté au moyen de deux leviers, le premier engagé dans la mortaise et le second dans un trait à canon enveloppant la partie la moins épaisse de la volée, à la naissance de la plate-bande de la bouche, et maintenu en avant par cette plate-bande.

Les anses ne paraissent pas nécessaires, le canon pouvant être facilement maintenu et enlevé, au milieu par les tourillons, à l'arrière par la mortaise, et à l'avant par un trait à canon maintenu par la plate-bande.

Le canon sera monté sur son affût et en sera descendu par l'arrière. Il sera bon que les entretoises ou les flasques de l'affût présentent un point d'appui sur lequel les hommes puissent placer l'avant de la pièce, pour se reposer, avant d'élever le levier de la volée au-dessus des roues.

Cette manœuvre sera plus facile et moins dangereuse pour un canon de grande longueur que la manœuvre de force actuellement employée en France pour les canons de campagne. Dresser un canon sur sa bouche, à bras d'homme, est chose très-facile quand le canon est court, mais très-difficile quand il est long.

CHAPITRE XI.

POUDRE.

Considérations générales.

116. Dans tous les canons existants, la pression des gaz croît très-rapidement à l'origine du mouvement, atteint son maximum alors que le projectile n'a parcouru qu'un très-petit espace, et décroît ensuite rapidement.

La pression maximum des gaz est ainsi supérieure au triple de la pression moyenne, et l'accélération qu'elle imprime au projectile est supérieure au triple de l'accélération moyenne.

Les variations trop rapides de la vitesse, dans le canon comme dans toute autre machine, causent des pertes de force vive et augmentent les chances de dégradation.

Pour mieux utiliser la force vive de la poudre et pour diminuer les chances de dégradation, il faudrait donner au projectile un mouvement uniformément accéléré.

Pour que l'accélération du projectile fût constante, il faudrait que la pression des gaz le fût aussi. Et comme cette pression est, à chaque instant, proportionnelle à la quantité de poudre brûlée, et inversement proportionnelle à l'espace que cette poudre occupe, il faudrait que les quantités de poudre brûlées dans un même temps fussent très-petites à l'origine du mouvement, lorsque l'espace libre est très-petit, et très-grandes vers la fin du parcours de l'âme, lorsque l'espace libre est beaucoup plus grand.

Si l'on ne peut atteindre ce résultat, on peut du moins et l'on doit chercher à s'en rapprocher, en diminuant autant que possible le rapport, actuellement trop élevé, qui existe entre les quantités de gaz que donne la charge, dans un temps donné, à l'origine du mouvement et celles qu'elle donne, dans un temps égal, vers la fin du parcours de l'âme.

On peut obtenir la diminution de ce rapport par la diminution de la surface d'inflammation, en employant des grains de forme spéciale ou en augmentant les dimensions des grains sans changer leur forme.

On peut l'obtenir aussi par la diminution du rapport des vitesses de combustion de la surface et de l'intérieur des grains, en augmentant la densité du grain ou en faisant varier sa composition de la surface au centre, ou en modifiant sa surface par le lissage ou par la plombagination ou par l'enlèvement partiel du salpêtre.

Ces modifications sont beaucoup plus nécessaires avec les projectiles allongés qu'avec les projectiles sphériques, parce que les premiers opposent aux gaz de la charge une colonne de fonte beaucoup plus longue et laissent derrière eux un moins grand espace après un même parcours.

Les excès de pression, que mille circonstances accidentelles peuvent produire, sont ainsi plus à redouter. Le projectile pouvant être considéré comme la soupape du canon, le projectile allongé est une soupape moins efficace et moins facile à soulever.

117. La poudre destinée à chaque bouche à feu doit être disposée de telle manière que la durée de la combustion de la charge soit à peu près égale à celle du parcours de l'âme.

Si elle est plus grande, une partie de la poudre sort de l'âme non brûlée. L'effet utile est ainsi diminué et la vitesse est moins régulière, parce que les quantités qui s'échappent non brûlées varient d'un coup à l'autre.

Si la durée de combustion de la charge est sensiblement inférieure à celle du parcours de l'âme, l'écart des pressions extrêmes et de la pression moyenne est exagéré.

L'allongement du projectile et la réduction du calibre, nécessitant l'augmentation de la longueur d'âme et de la durée du parcours, nécessitent l'augmentation de la durée de combustion de la poudre.

118. La poudre à canon actuellement réglementaire brûle très-vite, parce qu'elle est de faible densité et de petites dimensions.

Elle pourrait convenir aux bouches à feu courtes tirant des projectiles sphériques.

Elle ne peut convenir aux bouches à feu longues tirant des projectiles allongés.

Il est nécessaire de lui substituer des poudres moins vives et plus progressives, formées de grains plus gros et plus denses, fortement lissés et plombaginés.

La durée de combustion du grain, devant être à peu près égale à celle du parcours de l'âme, devra varier avec le calibre et lui être à peu près proportionnelle, parce que la longueur de l'âme et la durée du parcours sont proportionnelles au calibre, pour des canons semblables et semblablement disposés.

Une seule poudre ne pourrait suffire.

La poudre qui conviendrait aux canons de campagne serait trop vive pour les canons de siége et beaucoup trop lente pour les armes portatives.

La poudre qui conviendrait aux canons de siége serait

trop lente pour les canons de campagne, et trop vive pour les canons à grande puissance.

L'emploi d'une poudre trop vive serait particulièrement dangereux pour les canons de grand calibre, parce que le rapport de la pression maxima à la pression moyenne est plus élevé dans les grands calibres.

Dans deux canons de calibres différents, semblables et semblablement disposés, tirant à la même vitesse, la pression maxima est à peu près proportionnelle à la racine carrée du calibre, tandis que la pression moyenne est à peu près la même dans les deux canons.

Les variations de la durée de combustion que nécessitent les variations du calibre pourraient être obtenues facilement par les variations des dimensions du grain.

Le poids des grains devrait être à peu près proportionnel au poids des projectiles, et leur diamètre à peu près proportionnel au calibre pour des canons semblablement disposés.

Afin d'éviter les complications qui résulteraient de l'emploi simultané d'un grand nombre de poudres de dimensions différentes, on pourrait fixer à cinq le nombre des poudres.

La première serait destinée aux armes portatives, la deuxième aux canons de campagne, la troisième aux canons de siége et de place, et les deux autres aux canons à grande puissance nécessaires au service de la marine.

En l'état actuel de l'armement, la troisième serait appliquée aux canons de 14, de 15, de 16 et de 19 centimètres, la quatrième aux canons de 24 et de 27 centimètres, et la cinquième au canon de 32 centimètres.

Dosage.

119. La poudre actuellement réglementaire est composée de 75 de salpêtre, 12,5 de soufre, et 12,5 de charbon.

Il paraît utile de diminuer un peu la proportion du soufre, en augmentant celle du charbon, et d'adopter le dosage de la poudre anglaise, qui est composée de 75 de salpêtre, 10 de soufre et 15 de charbon.

Cette modification diminuera la quantité des produits salins qui peuvent rester à l'état solide et l'encrassement que ces produits peuvent causer.

Elle augmentera un peu la vitesse de combustion et la quantité de chaleur dégagée par la poudre.

Cette augmentation peut être utile pour les armes portatives, parce qu'elle permet d'obtenir des poudres assez vives, sans avoir à réduire outre mesure la densité ou la grosseur des grains.

Elle ne peut présenter aucun inconvénient pour les canons, parce qu'elle sera facilement compensée par l'augmentation de la densité ou des dimensions du grain.

L'action de la poudre est beaucoup moins modifiée par de faibles variations de dosage que par les variations de la densité ou des dimensions.

La diminution du soufre et l'augmentation du charbon peuvent donner une poudre moins dure et plus hygrométrique.

Mais cet inconvénient sera facilement corrigé par l'augmentation de la densité, par la prolongation du lissage et par l'emploi de la plombagine.

Fabrication.

120. La poudre sera fabriquée par le procédé des meules, le seul des procédés actuellement employés qui permette d'obtenir des poudres homogènes et régulières.

Après une trituration de trois heures sous les meules, la composition sera soumise à la presse hydraulique et réduite en galette d'épaisseur précisément égale à l'une des dimensions du grain.

La galette sera ensuite découpée régulièrement au moyen d'une machine spéciale, de telle sorte que les grains soient tous de même forme et de mêmes dimensions.

La poudre ainsi obtenue sera lissée à la plombagine, et la durée du lissage sera portée à vingt-quatre heures.

La prolongation du lissage et la plombagination diminuant la rapidité de l'inflammation et de la combustion des couches extérieures du grain ralentiront la production des gaz au commencement de la combustion, et diminueront ainsi les pertes de force vive et les chances de dégradation qui résultent de la variation trop rapide de la tension.

On pourrait obtenir le même résultat en enlevant une partie du salpêtre de la surface, et on l'obtiendrait plus complétement encore en formant le grain de couches concentriques de composition différente, dont la combustibilité augmenterait de la surface au centre.

Le premier de ces deux procédés est appliqué sur une grande échelle à la poudrerie belge de Wetteren, et il donne de bons résultats.

Mais il paraît diminuer un peu la régularité de la poudre, et il n'est pas utilement applicable à des grains de petites dimensions.

Le second procédé a été essayé en France, à la poudrerie de Saint-Chamas, et peut certainement donner des
poudres très-progressives ; mais il ne paraît pas pouvoir
donner des poudres très-régulières, parce qu'il donne
des grains de dimensions et de compositions très-variables.

Forme du grain.

121. Si la forme du grain est sphérique, la vitesse de
combustion étant supposée égale suivant tous les rayons,
la partie du grain non brûlée est, à chaque instant de la
combustion, une sphère concentrique à la sphère initiale.

La combustion du grain se fait ainsi par couches concentriques se succédant régulièrement de la surface au
centre.

Le mode de combustion est à peu près semblable si
l'on substitue à la forme sphérique la forme d'un po-
lyèdre régulier quelconque.

Il peut en être autrement si l'on abandonne les formes absolument régulières pour faire une des dimensions
du grain inférieure aux deux autres.

Toutes les dimensions diminuant de la même longueur dans le même temps, et n'étant pas égales, ne diminuent pas dans le même rapport, de telle sorte que
l'épaisseur, après un certain temps, sera très-faible par
rapport aux autres dimensions, et la rupture des grains
pourra se produire.

Cette rupture, amenant une production soudaine de
gaz, déterminera une augmentation rapide de la pression ;
et comme elle ne se produira pas toujours après le même
temps, ni de la même manière, elle produira des accrois-
sements très-variables de la vitesse.

L'inégalité des dimensions du grain peut ainsi dé-

terminer un accroissement brusque de la pression et diminuer la régularité des vitesses.

Cet inconvénient n'est pas sans compensation.

La durée de la combustion du grain étant évidemment
réglée par la plus petite de ses dimensions, on peut, avec
des grains de dimensions inégales, obtenir des charges
présentant une surface d'inflammation bien supérieure
à celle que présenteraient des charges de même poids,
formées de grains polyédriques réguliers, dont le diamètre serait égal à la plus petite dimension des grains irréguliers et dont la durée de combustion serait par suite
la même.

L'inégalité des dimensions permet ainsi de réduire la
surface d'inflammation de la charge sans modifier ni son
poids ni la durée de sa combustion.

La forme sphérique est celle qui, pour un même poids
de grain, donne la moindre surface d'inflammation.

Mais, pour un même poids de charge, elle donnera une
plus grande surface d'inflammation que le grain de dimensions inégales, dont la plus petite dimension serait
égale à son diamètre, et dont la durée de combustion
serait égale à la sienne.

122. Si l'on pouvait donner au grain une solidité assez
grande pour que l'on n'eût pas à craindre sa rupture pré-
maturée, on pourrait régulariser les variations de la
ension, obtenir une poudre très-progressive, en formant
la charge de grains cylindriques, dont la longueur serait
précisément égale à la longueur de la chambre, et dont
le diamètre serait réglé de telle façon que la durée de la
combustion fût égale à la durée du parcours de l'âme.

On pourrait obtenir le même résultat en formant la
charge de galettes cylindriques, dont le diamètre serait
précisément égal à celui de la chambre, et dont l'épais-

seur serait réglée par la condition de donner une durée de combustion égale à la durée du parcours de l'âme.

Les variations de la tension seraient d'autant plus réduites, et la poudre obtenue serait d'autant plus progressive, que la dimension minima serait plus petite par rapport aux deux autres.

Mais ces dispositions ne paraissent pas admissibles, parce que les grains ainsi disposés se briseraient après un temps très-court, et que leur rupture substituerait une poudre irrégulière et brisante à la poudre régulière et progressive qu'on se proposait d'obtenir.

123. On a pu obtenir la diminution de la surface d'inflammation et la progressivité de la poudre d'une manière plus pratique, en employant des grains de forme prismatique, percés de canaux cylindriques parallèles à leur hauteur.

On peut obtenir ainsi des charges formées d'un très-petit nombre de grains, qui présentent une surface d'inflammation très-faible, et leur conserver cependant une durée de combustion assez courte, parce qu'on peut régler cette durée par l'épaisseur de poudre conservée entre deux canaux voisins.

On peut même, en réglant convenablement les dimensions du prisme, la disposition, le nombre et le diamètre des canaux, faire varier d'une manière assez sûre, et dans des limites assez étendues, la durée de la combustion de la charge et la surface initiale d'inflammation.

Les avantages ainsi obtenus par les poudres prismatiques paraissent jusqu'à présent plus que compensés par les variations rapides et irrégulières de la pression que détermine leur rupture.

La fabrication de ces poudres est d'ailleurs difficile et présente quelques dangers.

124. La poudrerie française du Bouchet a obtenu des poudres progressives par des procédés beaucoup plus simples et plus faciles, dus à M. le capitaine Castan.

Ces poudres sont formées de grains parallélépipédiques, dont l'une des dimensions est inférieure aux deux autres.

La dimension minima peut être réglée de telle sorte que la durée de la combustion soit à peu près égale à celle du parcours, et la surface d'inflammation peut être beaucoup diminuée, si l'on fait la largeur et la longueur du grain sensiblement supérieures à son épaisseur.

Le rapport de l'épaisseur à chacune des deux autres dimensions varie dans les poudres du Bouchet de $\frac{2}{3}$ à $\frac{1}{2}$.

Le rapport du volume du grain à sa surface, qui pour un grain sphérique est le sixième de l'épaisseur, est réduit, pour un grain plat, aux treize-quatorzièmes ou au quart de l'épaisseur, suivant que cette épaisseur est égale aux deux tiers ou à la moitié des autres dimensions.

Si l'on compare deux charges de même poids, formées l'une de grains plats et l'autre de grains sphériques de même densité et de même épaisseur, le rapport des deux surfaces d'inflammation étant proportionnel à la surface de chaque grain et inversement proportionnel à son volume, on voit facilement que la substitution du grain plat au grain sphérique réduit la surface d'inflammation dans le rapport de 9 à 7 ou de 3 à 2, suivant que l'épaisseur du grain plat est égale aux deux tiers ou à la moitié des autres dimensions.

Le rapport de l'épaisseur du grain aux autres dimensions étant maintenu dans ces limites, la rupture des grains dans l'âme est moins facile et, si elle se produit, moins dangereuse, parce qu'elle se produira plus loin de l'origine du mouvement.

Les poudres ainsi fabriquées par la poudrerie du Bouchet ont jusqu'à présent donné de bons résultats.

Comparées aux meilleures poudres étrangères, elles ont généralement donné des vitesses plus régulières et des pressions moindres à vitesse égale.

125. Il se peut cependant qu'on obtienne des poudres suffisamment progressives et plus régulières encore, en évitant toute chance de rupture dans l'âme, par l'emploi de grains sphériques ou polyédriques réguliers.

La poudre actuellement réglementaire est grenée en grains sphériques.

Cette forme était généralement considérée comme la meilleure, parce qu'elle paraissait devoir assurer, mieux que toute autre, la combustion du grain par couches concentriques.

Elle est d'ailleurs celle qui donne, pour un même poids de grains, la plus petite surface d'inflammation.

Elle présente quelques avantages au point de vue de la préparation des charges.

Les grains sphériques se disposent plus régulièrement dans la charge. Si leurs diamètres sont peu différents, ils laissent entre eux des intervalles de disposition et de grandeur constantes.

Ils ne présentent aucun angle qui puisse dégrader le sachet dans lequel on place la charge.

La forme sphérique est la plus facile à obtenir lorsqu'on emploie les anciens procédés de fabrication.

Il n'en est plus ainsi lorsque la composition, passant sous la presse hydraulique, est réduite en galettes plates très-denses et très-dures.

Il est alors plus facile de donner au grain la forme d'un prisme ou d'un parallélépipède, dont la hauteur est l'épaisseur de la galette.

Nous adopterons, pour ce motif, la forme du parallélépipède et, faisant sa longueur et sa largeur égales à son épaisseur, nous aurons un grain cubique dont les arêtes seront arrondies par le lissage et dont les propriétés seront à très-peu près semblables à celles du grain sphérique.

Densité.

126. La densité de la poudre à canon actuellement réglementaire varie de 1,53 à 1,57.

La densité des poudres étrangères est généralement plus élevée et plus régulière, et dans toutes les poudres récemment adoptées ou mises en essai, soit en France, soit à l'étranger, l'objet le plus essentiel des améliorations essayées paraît être l'augmentation de la grandeur et de la régularité des densités.

Les poudres anglaises LG et RLG, dont la densité variait de 1,60 à 1,78, sont remplacées par la poudre Pellet et la poudre Pebble, dont la densité varie de 1,75 à 1,78.

Les poudres prismatiques fabriquées en Amérique, en Allemagne et en Russie, avaient dans les premiers essais une densité assez faible, variant de 1,55 à 1,72.

Tous les essais faits actuellement sur les mêmes poudres tendent à leur donner une densité sans cesse croissante, qui est au moins égale à 1,79 et qui sera probablement bientôt élevée à 1,80.

Les poudres belges, fabriquées à Wetteren, ont une densité moyenne d'environ 1,80, qui ne varie généralement que de un à deux centièmes.

Les poudres fabriquées en France par la poudrerie du Bouchet, pour les canons de grands calibres, ont une densité moyenne de 1,80, dont les variations sont très-faibles, et dans quelques-uns des essais faits par cette poudrerie la densité de la poudre a été portée à 1,89.

L'accroissement de la grandeur et de la régularité des densités, obtenu par l'emploi de la presse hydraulique, est le caractère le plus général et paraît être le perfectionnement le plus essentiel de tous les nouveaux procédés de fabrication.

L'accroissement de la densité diminue beaucoup la vitesse de combustion, et comme cette vitesse, à peu près proportionnelle à la racine carrée de la pression, est, ainsi que la pression, très-faible à l'origine du mouvement, sa diminution est surtout sensible à cet instant et peut, par suite, retarder et diminuer beaucoup le maximum de pression.

Si une poudre donne dans un canon une durée de combustion à peu près égale à celle du parcours de l'âme, la substitution à cette poudre d'une poudre plus dense pourra diminuer beaucoup la pression moyenne et la vitesse imprimée au projectile; mais elle diminuera beaucoup plus encore la pression maximum et le rapport de la pression maximum à la pression moyenne.

Si, par exemple, on augmente la densité du grain δ de $\dfrac{\delta}{n}$, la composition, la forme et les dimensions restant les mêmes, la vitesse imprimée au projectile v et la pression moyenne p sont diminuées de $\dfrac{8v}{n}$ et $\dfrac{8p}{n}$, tandis que la pression maximum P est diminuée d'environ $\dfrac{30P}{n}$.

On peut exprimer ces relations, d'une manière plus abrégée, en disant que la vitesse et la pression moyennes sont à peu près proportionnelles à la huitième puissance de la densité, tandis que la pression maxima est à peu près proportionnelle à la trentième puissance.

Ces relations ne peuvent évidemment représenter qu'une indication approximative des rapports réels, et ne peuvent d'ailleurs être admises que dans des limites peu étendues.

Mais elles suffisent pour démontrer que la poudre la plus dense est la plus progressive, et qu'il sera utile de donner aux poudres nouvelles la plus grande densité qu'il sera possible d'obtenir facilement et régulièrement.

Épaisseur.

127. La forme et la densité des grains étant ainsi fixées, leur épaisseur sera déterminée par la condition de donner dans l'âme une durée de combustion égale à la durée du trajet du projectile.

Soient

e l'épaisseur du grain ;

u la vitesse de combustion à l'air libre ;

u' la vitesse moyenne de combustion dans l'âme ;

a le calibre ;

v la vitesse initiale du projectile ;

l la longueur de l'âme mesurée du culot du projectile à la bouche ;

P la pression moyenne des gaz sur l'unité de surface.

La durée du parcours de l'âme est $\dfrac{2l}{v}$. La durée de combustion du grain dans l'âme est $\dfrac{e}{2u'}$.

En égalant ces deux quantités, nous aurons l'équation

$$\frac{e}{2u'} = \frac{2l}{v}, \quad \text{d'où} \quad e = \frac{4\,lu'}{v}.$$

La vitesse de combustion étant proportionnelle à la

racine carrée de la pression, nous aurons

$$u' = u \sqrt{\frac{P}{10333}}, \quad \text{d'où} \quad e = \frac{4lu}{v} \sqrt{\frac{P}{10333}}.$$

La pression moyenne des gaz $P = \dfrac{2\,mv^2}{\pi a^2 l}$.

En substituant cette valeur à P dans l'équation précédente, nous aurons

$$e = \frac{4lu}{v} \sqrt{\frac{2\,mv^2}{10333.\pi a^2 l}} = \frac{32}{1000}\, u \sqrt{\frac{ml}{a^2}}.$$

Cette équation exprime la relation à établir entre l'épaisseur du grain, la vitesse de sa combustion à l'air libre, et les éléments de la bouche à feu, pour donner dans l'âme une durée de combustion égale à la durée du trajet du projectile.

Cette relation est indépendante de la vitesse initiale du projectile et du poids de la charge, de telle sorte que, pour une bouche à feu et un projectile donnés, la même poudre convient à toutes les charges.

Pour que la même poudre convienne à deux bouches à feu différentes, il faut et il suffit que le produit de la masse du projectile par la longueur de l'âme, divisé par le carré du calibre $\dfrac{ml}{a^2}$, soit le même pour les deux bouches à feu.

La même poudre peut ainsi très-bien convenir à une bouche à feu courte, tirant un projectile lourd, et à une bouche à feu longue, tirant un projectile léger.

Dans le mortier lisse de 32 centimètres et dans le canon lisse de 12 de campagne, le produit de la masse du projectile par la longueur d'âme, divisé par le carré du calibre, $\dfrac{ml}{a^2}$, a la même valeur; et la même poudre doit être, pour ce motif, employée dans l'un et dans l'autre, malgré la grande différence de leur disposition.

Dans deux bouches à feu de calibres différents, semblables et semblablement disposées, la longueur d'âme étant proportionnelle au calibre et la masse du projectile proportionnelle au cube du calibre, le facteur $\sqrt{\dfrac{ml}{a^2}}$ est proportionnel au calibre.

On voit ainsi que l'épaisseur à donner au grain, toutes choses égales d'ailleurs, sera proportionnelle au calibre et à la vitesse de combustion de la poudre mesurée à l'air libre.

Si nous appliquons ces considérations au canon projeté, nous aurons

$$m = 0,5, \quad l = 1^{m},81, \quad a = 0^{m},073, \quad \sqrt{\frac{ml}{a}} = 13,$$

$$e = \frac{32}{1000} \sqrt{\frac{ml}{a^2}}, \quad u = \frac{416}{1000} u.$$

Une poudre, au dosage de la poudre anglaise et à la densité de 1,80, brûle à l'air libre avec une vitesse d'environ 12 millimètres par seconde.

Si l'on emploie une poudre semblable dans le canon projeté, l'épaisseur du grain sera fixée à $\dfrac{416}{1000} 12^{mm}$, ce qui fait, en nombres ronds, 5 millimètres. Elle sera ainsi égale au quatorzième du calibre.

Si la densité de la poudre était réduite à 1,70, la vitesse de combustion à l'air libre s'élèverait à 18 millimètres pars econde, et l'épaisseur du grain serait fixée à $7^{mm},5$. Elle serait ainsi égale au dixième du calibre.

Si la densité de la poudre était élevée à 1,85, la vitesse de combustion à l'air libre étant alors un peu inférieure à 10 millimètres par seconde, l'épaisseur du grain serait réduite à 4 millimètres. Elle serait ainsi égale au dix-huitième du calibre.

Dispositions proposées.

128. En résumé, il paraît utile d'essayer une poudre au dosage de 75 de salpêtre, de 10 de soufre et de 15 de charbon, triturée trois heures sous les meules, comprimée par la presse hydraulique en galettes de grande densité et grenée en grains cubiques à arêtes arrondies, les grains destinés aux mêmes canons devant être tous de même forme et de mêmes dimensions.

La densité sera la plus grande qu'on puisse obtenir facilement et régulièrement dans la pratique.

L'épaisseur des grains sera proportionnelle au calibre et leur poids proportionnel au poids des projectiles.

Si la densité de la poudre est fixée à 1,80, l'épaisseur du grain sera égale au quatorzième du calibre, et pour le canon de campagne elle sera ainsi fixée à 5 millimètres.

Si la densité de la poudre est réduite à 1,70, l'épaisseur du grain sera égale au dixième du calibre, et pour le canon de campagne elle sera ainsi fixée à $7^{\text{mm}},5$.

Si la densité de la poudre est élevée à 1,85, l'épaisseur du grain sera égale au dix-huitième du calibre, et pour le canon de campagne elle sera ainsi fixée à 4 millimètres.

CHAPITRE XII.

TIR DU CANON.

Charge du canon.

129. La charge du canon sera formée de 1200 grammes de poudre dense, grenée en grains cubiques, fortement lissés et plombaginés.

Si la densité de la poudre est 1,80, la charge com-
prendra environ 5400 grains de 5 millimètres d'épaisseur, au poids moyen de $0^{gr},22$, et présentera une surface d'inflammation de $0^{mq},81$.

Si la densité de la poudre est 1,70, la charge com-
prendra environ 1690 grains de $7^{mm},5$ d'épaisseur, au
poids moyen de $0^{gr},71$, et présentera une surface d'inflammation de $0^{mq},57$.

La charge sera placée dans un sachet cylindrique en
laine. Le diamètre du mandrin vérificateur des sachets
étant fixé à 70 millimètres, le diamètre des sachets rem-
plis sera d'environ 72 millimètres.

Un lubrificateur de 20 millimètres de hauteur étant
placé sur la poudre dans le sachet, la longueur totale de
la charge sera à très-peu près égale à la longueur de la
chambre, qui est de 320 millimètres.

Le projectile sera forcé progressivement, de telle sorte
qu'il soit placé à une distance constante de l'arrière.
Cette distance sera marquée sur la hampe du refouloir.

La malléabilité du plomb et la faible inclinaison du

tronc de cône dans lequel il doit se forcer permettent d'amener toujours facilement le projectile à la même position.

La longueur de la chambre étant de 320 millimètres, et son diamètre de 77 millimètres, le volume occupé par le chargement est de 1470 centimètres cubes.

La densité de chargement est d'environ 0,80.

Lubrificateur.

130. Pour faciliter le glissement du projectile dans l'âme et diminuer les chances de plombage et d'encrassement, on pourra placer en avant de la charge un lubrificateur formé d'une rondelle de graisse placée dans une capsule cylindrique, en carton embouti, de 76 millimètres de diamètre et de 12 millimètres de hauteur, ou d'une capsule de mêmes dimensions, en laiton très-mince, qui contiendra 70 grammes de glycérine.

D'après diverses expériences faites en Allemagne, l'emploi des capsules de glycérine, outre l'avantage de lubrifier l'âme, aurait l'avantage d'augmenter l'effet utile de la poudre et pourrait donner au projectile un accroissement de vitesse supérieur à celui que donnerait un accroissement du poids de la poudre égal au poids de la glycérine.

Il pourrait être utile de rechercher si cet avantage est réel et n'est pas compensé par un trop grand accroissement de la pression ou de l'écart des vitesses.

L'emploi des lubrificateurs parait avoir donné jusqu'à présent de bons résultats. Leur mode d'action n'est cependant pas bien connu, et la nécessité de leur emploi ne parait pas démontrée. La question ne peut être résolue que par un tir comparatif.

L'augmentation du poids de la charge et le mode de

fabrication de la poudre pouvant diminuer beaucoup les chances d'encrassement, il ne serait pas étonnant que dans un canon tirant habituellement à fortes charges, avec une poudre de dosage analogue à celui de la poudre anglaise, on pût supprimer le lubrificateur sans diminuer sensiblement la facilité et la justesse du tir.

Détails de manœuvre.

131. Avant le tir il faut graisser les filets et les deux plateaux de la vis; mais il faut essuyer soigneusement toutes les autres parties de la fermeture et les faire frotter à sec, pour augmenter la résistance au glissement.

Les coins n'étant maintenus que par la pression de la rondelle sur l'obturateur, ils doivent être à chaque coup serrés, jusqu'au refus, par un homme agissant très-énergiquement sur les deux bras de la manivelle.

La position à laquelle la manivelle du verrou bien serré s'arrête avant le tir doit être soigneusement reconnue par l'homme chargé de la manœuvre, et il doit avoir soin de ne jamais arrêter la manivelle au-dessous de cette position.

Si la manivelle arrive facilement à la position verticale ou la dépasse sensiblement, il faut modifier l'ajustage de la rondelle en plaçant une ou plusieurs feuilles de cuivre au fond de son logement.

Si, portant la saillie de la rondelle à $0^{mm},6$, on peut encore amener la manivelle sensiblement au delà de la verticale, on doit en conclure que la saillie de l'obturateur est inférieure à $0^{mm},9$. Il ne suffit plus alors de modifier l'ajustage de la rondelle, et il est nécessaire de changer l'obturateur.

CHAPITRE XIII.

LOIS DU MOUVEMENT DU PROJECTILE.

Vitesse initiale de translation.

132. Si l'on fait varier le poids de la charge ou du projectile dans des limites peu étendues, le mode de forcement du projectile et la disposition du canon restant les mêmes, on peut admettre que la force vive développée par la combustion de la charge se répartira dans des proportions à peu près constantes entre la charge, le projectile et le canon.

La force vive développée étant d'ailleurs proportionnelle au poids de la poudre, on peut admettre que la force vive communiquée au projectile est proportionnelle au poids de la charge, et de là il suit que la vitesse initiale du projectile est proportionnelle à la racine carrée du poids de la charge, et inversement proportionnelle à la racine carrée du poids du projectile.

Si nous appelons π le poids de la charge, p le poids du projectile, et V sa vitesse initiale, α désignant un coefficient constant qui représente une vitesse, nous aurons

$$p\,V^2 = \alpha^2\pi, \quad \text{d'où} \quad V = \alpha\sqrt{\frac{\pi}{p}}.$$

Les valeurs ainsi obtenues pour la vitesse ne peuvent

être considérées que comme une première approximation.

Il est évident qu'en faisant varier l'un des trois éléments de la bouche à feu sans faire varier les deux autres, on doit faire varier le rapport de la force vive absorbée par cet élément à la force vive totale.

Si, par exemple, on augmente le poids de la charge sans changer la position du projectile, le volume de la chambre restant le même, la densité du chargement augmente et son accroissement détermine un accroissement correspondant de la pression initiale et de la pression moyenne.

Le projectile peut ainsi recevoir une plus grande partie de la force vive totale, et les variations de sa force vive sont un peu plus rapides que celles de la charge.

Si, au contraire, on déplace le projectile pour augmenter le volume de la chambre et conserver la même densité de chargement, la longueur de l'espace à parcourir par le projectile est diminuée, sans que la pression initiale et la pression moyenne soient sensiblement augmentées.

Le projectile peut ainsi recevoir une moindre partie de la force vive totale, et les variations de sa force vive sont moins rapides que celles de la charge.

Dans les canons rayés, tirant à charge variable, la position du projectile est habituellement constante. La longueur de l'espace qu'il parcourt dans l'âme et le volume de la chambre ne varient pas.

La densité du chargement est ainsi proportionnelle au poids de la charge. La force vive imprimée au projectile varie par suite un peu plus rapidement que la charge, et sa vitesse varie un peu plus rapidement que la racine carrée de la charge.

Dans les canons lisses, tirant à charge variable, la

densité du chargement est habituellement constante, et la longueur de la charge est proportionnelle à son poids.

La distance du projectile à la bouche et la longueur de l'espace qu'il parcourt dans l'âme varient en sens inverse du poids de la charge. La force vive imprimée au projectile varie par suite un peu moins rapidement que la charge, et sa vitesse varie un peu moins rapidement que la racine carrée de la charge.

Pour tenir compte de ces effets dans l'évaluation de la vitesse, il faut multiplier la première valeur approchée que nous avons admise, $\alpha \sqrt{\dfrac{\pi}{p}}$, par une certaine fonction de la longueur de l'âme et de la densité du chargement.

On a généralement des résultats peu différents de ceux que donne l'expérience, en prenant pour cette fonction la racine sixième de la longueur de l'âme, multipliée par la racine huitième de la densité de chargement.

On est par là conduit à admettre que la vitesse imprimée au projectile est à peu près proportionnelle à la racine sixième de la longueur de l'âme et à la racine huitième de la densité de chargement, et que sa force vive est à peu près proportionnelle à la racine cubique de la longueur de l'âme et à la racine quatrième de la densité du chargement.

La vitesse imprimée par un même canon, tirant avec diverses charges et des projectiles de poids différents, est ainsi proportionnelle à la racine carrée du rapport des poids de la charge et du projectile à la racine sixième de la longueur de l'âme et à la racine huitième de la densité de chargement.

Les lois de variation de la vitesse, ainsi déterminées pour un même canon, peuvent être appliquées à deux

(174)

canons de calibres différents, semblables et semblablement disposés, si l'on évalue la longueur de l'âme en
calibres, si l'on substitue à la valeur absolue de la longueur le rapport de cette valeur à celle du calibre.

Si nous appelons Δ la densité du chargement, a le calibre, l la longueur de l'âme mesurée depuis la bouche
jusqu'à la position initiale du culot du projectile, et β un
coefficient constant qui représente une vitesse, nous
aurons

$$p\,\mathrm{V}^2 = \beta^2 \pi \sqrt[4]{\Delta}\,\sqrt[3]{\frac{l}{a}},$$

d'où

$$\mathrm{V} = \beta \sqrt{\frac{\pi}{p}}\,\sqrt[4]{\Delta}\,\sqrt[6]{\frac{l}{a}} \quad \text{et} \quad \mathrm{V}\sqrt{\frac{p}{\pi}} = \beta \sqrt[4]{\Delta}\,\sqrt[6]{\frac{l}{a}}.$$

Le coefficient β est constant pour un même canon,
tant que la nature de la poudre et la disposition du projectile ne sont pas sensiblement modifiées.

Il est aussi constant pour tous les canons semblables
de calibres différents, si les projectiles et les grains de la
poudre sont, comme les canons, géométriquement semblables et semblablement disposés.

Il peut être assez sensiblement modifié, si l'on modifie
la disposition du projectile, en faisant varier la forme de
l'arrière, ou le vent, ou le forcement.

Il peut être beaucoup modifié, si l'on modifie la nature
de la poudre, en faisant varier le dosage, ou la trituration, ou la densité, ou la forme, ou les dimensions du
grain.

Pour les canons qui se chargent par la bouche, avec
un vent moyen égal aux trois centièmes du calibre, la
valeur moyenne du coefficient β est d'environ 560 mètres
par seconde.

Dans les canons lisses de campagne la densité du chargement était habituellement très-voisine de 0,8. La longueur du trajet du boulet dans l'âme était d'environ 14 calibres.

Le produit $\beta \sqrt[3]{\Delta} \sqrt[6]{\dfrac{l}{a}}$, et le produit $V \sqrt{\dfrac{p}{\pi}}$, qui lui est égal, étaient ainsi à peu près constants, et leur valeur commune était d'environ 850 mètres par seconde.

Le produit de la vitesse par la racine carrée du rapport des poids de la charge et du projectile était ainsi à peu près constant et égal à 850 mètres.

$$V \sqrt{\frac{p}{\pi}} = 850^{\text{m..s.}}, \quad V = 850^{\text{m..s.}} \sqrt{\frac{\pi}{p}}.$$

Dans les canons de campagne qui se chargent par la culasse, avec les poudres et les modes de forcement actuellement employés, la valeur moyenne du coefficient β est d'environ 640 mètres par seconde.

La valeur moyenne du produit $\beta \sqrt[3]{\Delta} \sqrt[6]{\dfrac{l}{a}}$ et du produit $V \sqrt{\dfrac{p}{\pi}}$, qui lui est égal, est d'environ 1000 mètres par seconde.

Dans le canon de 4 allemand, et dans plusieurs autres canons en service, le produit $\beta \sqrt[3]{\Delta} \sqrt[6]{\dfrac{l}{a}}$ est précisément égal à cette valeur moyenne de 1000 mètres.

Le produit de la vitesse par la racine carrée du rapport des poids de la charge et du projectile est par suite égal à 1000 mètres :

$$V \sqrt{\frac{p}{\pi}} = 1000^{\text{m..s.}}, \quad V = 1000^{\text{m..s.}} \sqrt{\frac{\pi}{p}}.$$

La vitesse initiale, exprimée en kilomètres par seconde, est alors égale à la racine carrée du rapport des poids de la charge et du projectile.

133. Si, dans un même canon, on fait varier le poids de la charge et le poids du projectile sans faire varier la position du culot, le calibre et la longueur de l'âme ne varient pas ; le volume de la chambre reste constant, et la densité du chargement est proportionnelle au poids de la charge.

Le produit du coefficient β par la racine sixième de la longueur d'âme $\beta\sqrt[6]{\dfrac{l}{a}}$ est par suite constant, et la racine huitième de la densité du chargement, $\sqrt[8]{\Delta}$, est égale à la racine huitième de la charge multipliée par un nombre constant.

Le facteur $\beta\sqrt[6]{\dfrac{l}{a}}\sqrt[8]{\Delta}$ est par suite égal à la racine huitième du poids de la charge, $\sqrt[8]{\Delta}$, multipliée par un coefficient constant que nous appellerons n.

Si, dans l'expression générale de la vitesse, on substitue à ce facteur la valeur ainsi obtenue, on trouve que la vitesse peut être considérée, dans ce cas particulier, comme égale au coefficient constant n, divisé par la racine carrée du poids du projectile et multiplié par une fonction du poids de la charge, qui est le produit de la racine carrée par la racine huitième ou la puissance $\dfrac{5}{8}$ de cette quantité.

$$V = \sqrt{\frac{\pi}{p}}\,\beta\sqrt[6]{\frac{l}{a}}\sqrt[8]{\Delta}, \quad \beta\sqrt[6]{\frac{l}{a}}\sqrt[8]{\Delta} = n\sqrt[8]{\pi},$$

d'où

$$V = n\sqrt{\frac{\pi}{p}}\sqrt[8]{\pi} = n\,\frac{\pi^{\frac{1}{2}+\frac{1}{8}}}{p^{\frac{1}{2}}} = n\,\frac{\pi^{\frac{5}{8}}}{p^{\frac{1}{2}}}.$$

La vitesse imprimée dans le même canon, par diverses charges, à des projectiles de poids différents, la position initiale du culot ne variant pas, est ainsi proportionnelle à la puissance $\frac{5}{8}$ du poids de la charge, et inversement proportionnelle à la racine carrée du poids du projectile.

134. En appliquant ces considérations au canon projeté, on peut obtenir une valeur approchée de la vitesse initiale de translation des deux projectiles.

On trouve ainsi que la vitesse initiale de l'obus de 5 kilogrammes, tiré avec la charge normale de $1^{kg},200$, qui est égale aux $\frac{24}{100}$ de son poids, sera très-voisine de 490 mètres par seconde.

Elle serait un peu inférieure à 450 mètres, si l'on employait la charge de 1 kilogramme qui est le cinquième du poids du projectile.

Elle serait un peu supérieure à 500 mètres, si l'on employait la charge de $1^{kg},250$ qui est le quart du poids de l'obus.

La vitesse initiale de translation de l'obus à balles de 6 kilogrammes, tiré avec la charge normale de $1^{kg},200$, qui est le cinquième de son poids, sera d'environ 450 mètres par seconde.

Vitesse initiale de rotation.

135. La vitesse absolue de rotation de la surface cylindrique du projectile est égale à la vitesse de translation, multipliée par la tangente de l'inclinaison des rayures.

La vitesse angulaire de rotation est égale à la vitesse absolue de la surface, divisée par le rayon qui est la moitié du calibre.

Le nombre des tours que fait le projectile dans l'unité de temps est égal à la vitesse absolue de la surface, divisée par la circonférence de la partie cylindrique, ou à la vitesse angulaire divisée par 2π.

Si nous appelons

a le calibre;

α l'inclinaison des rayures;

V la vitesse initiale de translation;

$V_{\prime}$ la vitesse de rotation de la surface;

ω la vitesse angulaire;

n le nombre de tours que fait le projectile en une seconde; nous aurons

$$V_{\prime} = V \tang \alpha, \qquad \omega = \frac{2 V \tang \alpha}{a}, \qquad n = \frac{V \tang \alpha}{\pi a} = \frac{\omega}{2\pi}.$$

Dans le canon projeté, $a = 0^{m},073$, $\alpha = 5$ degrés. Nous aurons, pour l'obus de 5 kilogrammes,

$$V = 490^{m \cdot s \cdot}, \quad V_{\prime} = 42^{m \cdot s \cdot},9, \quad \omega = 1175^{m \cdot s \cdot}, \quad n = 187.$$

Nous aurons, pour l'obus à balles de 6 kilogrammes,

$$V = 450^{m \cdot s \cdot}, \quad V_{\prime} = 39^{m \cdot s \cdot},4, \quad \omega = 1079^{m \cdot s \cdot}, \quad n = 172.$$

La vitesse initiale de rotation de la surface cylindrique de l'obus sera ainsi $42^{m},9$. La vitesse angulaire sera 1175 mètres et l'obus fera 187 tours par seconde.

La vitesse initiale de rotation de la surface cylindrique de l'obus à balles sera $39^{m},4$. La vitesse angulaire sera 1079 mètres, et l'obus à balles fera 172 tours par seconde.

Mouvement du projectile dans l'âme.

136. Soient

a le calibre;

m la masse du projectile;

M le moment d'inertie pris par rapport à l'axe ;

v la vitesse à la bouche ;

A l'accélération ;

l la longueur de l'âme mesurée du culot à la bouche ;

z l'inclinaison des rayures ;

t la durée du parcours ;

F l'effort exercé par la charge sur le projectile ;

P la pression des gaz sur l'unité de surface.

L'accélération moyenne est celle dont serait animé le projectile, si l'on substituait à son mouvement réel le mouvement uniformément accéléré qui lui donnerait la même vitesse à la bouche.

Elle est égale au carré de la vitesse, divisé par le double de la longueur d'âme,

$$A = \frac{v^2}{2l}.$$

L'effort moyen exercé par les gaz sur le projectile est le produit de la masse du projectile par son accélération.

$$F = mA = \frac{mv^2}{2l}.$$

On peut aussi arriver à cette valeur de l'effort moyen par une autre voie, en remarquant que le travail exercé par la charge sur le projectile, qui est égal à la force vive acquise par lui, $\frac{1}{2}mv^2$, est aussi égal à l'effort moyen F multiplié par l'espace parcouru qui est la longueur d'âme l.

$$Fl = \frac{1}{2}mv^2, \quad F = \frac{mv^2}{2l}.$$

La pression moyenne est égale à l'effort moyen, divisé

par la surface transversale du projectile

$$P = \frac{mv^2}{2l} : \frac{\pi a^2}{4} = \frac{2\,mv^2}{\pi a^2 l}.$$

L'accélération moyenne de rotation de la surface du projectile est égale à l'accélération moyenne de translation, multipliée par la tangente de l'inclinaison des rayures.

$$A_s = A \, \text{tang} \, \alpha = \frac{v^2 \, \text{tang} \, \alpha}{2\,l}.$$

L'accélération de rotation angulaire est égale à l'accélération de la surface, divisée par le rayon qui est la moitié du calibre.

$$A_r = \frac{2\,A_s}{a} = \frac{v^2 \, \text{tang} \, \alpha}{la}.$$

L'effort moyen exercé par les parois forçantes, normalement à l'axe et au rayon de l'âme, pour déterminer la rotation du projectile, est égal au moment d'inertie pris par rapport à l'axe, multiplié par l'accélération de rotation angulaire et divisé par la moitié du calibre.

$$F_r = \frac{2\,M\,A_r}{a} = \frac{2\,M\,v^2 \, \text{tang} \, \alpha}{la^2}.$$

Si l'on tire deux canons de calibres différents, semblables et semblablement disposés, avec des charges formées d'un même nombre de grains ne différant que par leurs dimensions qui seront proportionnelles au calibre, on obtient des vitesses à peu près égales.

De là il suit que l'accélération moyenne et la pression moyenne des gaz sont à peu près les mêmes dans les deux canons.

Il n'en est pas ainsi pour les accélérations et les pressions extrêmes : l'écart est plus grand pour les grands calibres. Le rapport de la pression extrême à la pression moyenne varie à peu près dans le même rapport que la racine carrée du calibre.

Si l'on emploie, comme nous le proposons, des poudres dont la densité soit voisine de 1,8 et l'épaisseur à peu près égale au quatorzième du calibre, le rapport de l'accélération ou de la pression maximum à l'accélération ou à la pression moyenne sera à peu près égal à 2 dans le canon de campagne de 75 millimètres. Il sera à peu près égal à 3 dans le canon de 16 centimètres, et à 4 dans le canon de 30 centimètres, les trois canons étant d'ailleurs supposés semblables et semblablement disposés.

Dans ces conditions, on aura une valeur assez approchée de la durée réelle du trajet de l'âme, en prenant la durée du mouvement uniformément accéléré qui donnerait au projectile la même vitesse à la bouche.

Cette durée est égale au double de la longueur d'âme divisée par la vitesse

$$t = \frac{2l}{v}.$$

La valeur ainsi obtenue serait trop grande, si l'on employait une poudre trop vive, telle que la poudre à canon actuellement réglementaire. Elle serait un peu trop faible, si l'on employait une poudre très-lente au départ, comme la poudre prismatique.

137. Si nous appliquons ces considérations au canon projeté, le poids de l'obus étant fixé à 5 kilogrammes, le calibre à $0^m,073$, la vitesse à la bouche à 490 mètres et la longueur d'âme à $1^m,81$, nous aurons

$$m = \frac{5}{g}, \quad V = 490^{m \cdot s}, \quad l = 1^m,81, \quad a = 0^m,073, \quad \alpha = 5°.$$

Accélération moyenne de translation

$$A = \frac{v^2}{2l} = 66\,000^{\text{m.s.}}.$$

Effort moyen exercé par la charge sur le projectile

$$F = \frac{mv^2}{2l} = 33\,000^{\text{kg}}.$$

Pression moyenne des gaz

$$P = \frac{2\,mv^2}{\pi a^2 l} = 780^{\text{kg}} \text{ par centimètre carré}.$$

Accélération moyenne de la rotation de la surface

$$A_s = \frac{v^2 \tan g\,\alpha}{2l} = 5775^{\text{m.s.}}.$$

Accélération moyenne de rotation angulaire

$$A_r = \frac{v^2 \tan g\,\alpha}{la} = 158\,200^{\text{m.s.}}.$$

Effort moyen exercé par les parois forçantes, normalement à l'axe et au rayon de l'âme, pour déterminer la rotation du projectile

$$F_r = \frac{2\,MA_r}{a} = \frac{2\,Mv^2 \tan g\,a}{la^2} = 7800^{\text{kg}}.$$

Accélération maximum de translation

$$A_q = 2A = \frac{v^2}{l} = 132\,000^{\text{m.s.}}.$$

Pression maximum des gaz

$$P_u = 2P = \frac{4\,mv^2}{\pi a^2 l} = 1560^{\text{kg}} \text{ par centimètre carré}.$$

Accélération maximum de rotation de la surface

$$A_{cM} = 2A_r = \frac{V^2 \tan g\, \alpha}{l} = 11550^{m \cdot s \cdot}.$$

Effort maximum exercé par les parois forçantes normalement à l'axe et au rayon

$$F_{cM} = 2F_r = 15600^{kg}.$$

Durée du parcours de l'âme

$$t = \frac{2l}{v} = 0^s,0074 = \frac{1^s}{135}.$$

La pression maximum parait devoir se produire après un temps à peu près égal au quart de la durée totale du parcours de l'âme, le projectile ayant alors parcouru environ 12 centimètres, et la vitesse acquise étant d'environ 130 mètres par seconde.

La pression parait devoir décroître après le maximum, très-rapidement et à peu près uniformément, jusque vers le milieu de la longueur de l'âme, point que le projectile atteindra aux deux tiers environ de la durée totale du parcours.

La pression, qui sera alors à peu près égale à la pression moyenne, s'abaissera ensuite de moins en moins rapidement, jusqu'à la bouche où elle sera à peu près égale à la moitié de la pression moyenne.

138. Si nous appliquons les mêmes considérations au canon anglais lisse de 8 pouces, essayé par la Commission des substances explosives, ce canon tirant un boulet de $81^{kg},6$, avec $15^{kg},88$ de poudre Pebble, à la vitesse de 419 mètres, et la longueur d'âme parcourue par le pro

jectile étant de $2^m,44$, nous aurons

$$m = \frac{81^{kg},6}{g}, \quad V = 417^{m \cdot s}, \quad l = 2^m,44, \quad a = 0^m,203.$$

Accélération moyenne du projectile

$$A = \frac{v^2}{2l} = 35900^m.$$

Effort moyen exercé par la charge du projectile

$$F = \frac{mv^2}{2l} = 292900^{kg}.$$

Pression moyenne des gaz

$$P = \frac{2 \cdot mv^2}{\pi a^2 l} = 910^{kg} \text{ par centimètre carré.}$$

Accélération maximum du projectile

$$A_M = 2 \sqrt{\frac{20}{8}} \cdot A = 3,1 \cdot A = 111000^{m \cdot s}.$$

Pression maximum des gaz

$$P_M = 2 \sqrt{\frac{20}{8}} \cdot P = 3,1 \cdot P = 2800^{kg} \text{ par centimètre carré.}$$

Durée du parcours de l'âme

$$t = \frac{2l}{v} = 0^s,116 = \frac{1^s}{8,6}.$$

Ces résultats sont peu différents de ceux qui ont été donnés par l'expérience, et l'approximation ainsi obtenue permet de penser que, pour le canon projeté, avec une poudre de densité à peu près égale à celle de la poudre Pebble, le rapport des épaisseurs des grains étant d'ailleurs égal à celui des calibres, les résultats indiqués précédemment ne seraient pas très-éloignés de la vérité.

Travail de la poudre.

139. La quantité de chaleur dégagée par la combustion de la poudre est proportionnelle à son poids et, d'après les expériences faites par MM. Bunsen et Schiskoff, la combustion d'un kilogramme de poudre de guerre dégage à peu près 620 calories.

Le travail de la poudre dans le canon, exprimé en calories, est par suite égal à son poids, exprimé en kilogrammes et multiplié par 620.

Le travail représenté par chaque calorie étant à peu près égal à 430 kilogrammètres, le travail de la poudre, exprimé en kilogrammètres, est égal à son poids, exprimé en kilogrammes, et multiplié par 620 et par 430.

140. Le travail de la poudre se répartit entre la charge, le canon et le projectile, et la partie absorbée par chacun de ces trois éléments peut être considérée comme divisée en deux parties, employées l'une à le mouvoir et l'autre à l'échauffer.

Le travail absorbé par le mouvement du projectile est la somme des forces vives des deux mouvements, de translation et de rotation, dont il est animé au sortir de l'âme.

La force vive du mouvement de translation du projectile est la moitié du produit de sa masse par le carré de sa vitesse initiale.

La force vive du mouvement de rotation est la moitié du produit du moment d'inertie, pris par rapport à l'axe du projectile, par le carré de la vitesse angulaire de rotation.

Le travail absorbé par le mouvement du canon est la force vive du mouvement de recul, qui est égale à la moitié du produit de la masse du canon par le carré de la vitesse de recul.

Le travail absorbé par le mouvement de la charge est la force vive de ce mouvement qui est égale à la moitié du produit de la masse de la charge par le carré de la vitesse dont elle est animée au sortir de l'âme, vitesse que l'on peut supposer à peu près égale à celle du projectile.

Le travail absorbé par l'élévation de température du projectile, du canon et des produits de la combustion de la charge est égal, pour chacun de ces éléments, au produit obtenu en multipliant son poids par sa chaleur spécifique et par le nombre de degrés dont sa température s'est élevée.

141. Le rendement de la charge est le rapport du travail utile, qui est la force vive du projectile, au travail total, qui est la quantité de chaleur dégagée par la combustion.

Lorsque la durée de la combustion de la charge est à peu près égale à la durée du trajet du projectile dans l'âme, le rendement est à peu près égal au cinquième dans les canons qui se chargent par la culasse.

Il est à peu près égal au sixième dans les canons qui se chargent par la bouche, le vent étant à peu près égal aux trois centièmes du calibre.

142. Dans le canon projeté, la charge étant de $1^{kg},2$, la quantité de chaleur dégagée par sa combustion est $1,2 \times 620$ ou 744 calories.

Le travail total de la charge, exprimé en kilogrammètres, est 744×430 ou 320000 kilogrammètres.

Le poids de l'obus étant 5 kilogrammes, et la vitesse initiale étant 490 mètres, la force vive de translation est $\frac{1}{2}\frac{5}{g}490^2 = 60000^{\text{kgm}}$.

Le moment d'inertie de l'obus par rapport à son axe axe étant 0,0018 et la vitesse angulaire étant 940 mètres, la force vive de rotation est $\frac{1}{2}0,0018.940^2 = 1240^{\text{kgm}}$.

La force vive de rotation est à peu près le cent vingt-sixième de la force vive de translation.

La somme de ces deux forces vives, qui est le travail utile de la charge, est 61 240 kilogrammètres.

Le rendement, qui est le rapport du travail utile au travail total, est de dix-neuf centièmes.

Le poids du canon étant 490 kilogrammes, et la vitesse de recul étant 6 mètres, la force vive du mouvement de recul est $\frac{1}{2}\frac{490}{g}6^2 = 882^{\text{kgm}}$.

Le poids de la charge étant $1^{\text{kg}},2$, et la vitesse au sortir de l'âme étant 490 mètres, la force vive du mouvement de la charge est $\frac{1}{2}\frac{1,2}{g}490^2 = 14400^{\text{kgm}}$.

L'élévation de la température du projectile étant d'environ 50 degrés, son poids de 5 kilogrammes et sa chaleur spécifique de 0,11, l'échauffement du projectile absorbe $27^{\text{cal}},5$.

L'élévation moyenne de la température du canon étant d'environ 3 degrés, son poids de 490 kilogrammes, et sa chaleur spécifique de 0,118, l'échauffement du canon absorbe $173^{\text{cal}},5$.

La force vive transmise au projectile représente pour la translation $140^{\text{cal}},2$, pour la rotation $2^{\text{cal}},8$, pour l'échauffement $27^{\text{cal}},5$.

La force vive transmise au canon représente pour le recul $2^{\text{cal}},5$, pour l'échauffement $173^{\text{cal}},5$.

La force vive absorbée par le mouvement de la charge représente $33^{cal},5$.

La somme des quantités de chaleur ainsi employées étant de 38o calories, et la quantité totale de chaleur dégagée par la combustion de la charge étant 744 calories, la différence, qui est 364 calories, représente la quantité de chaleur employée pour élever la température de la charge au degré qu'elle conserve en sortant de l'âme.

Résistance de l'air.

143. Si l'axe du projectile s'écarte peu de la tangente à la trajectoire, la résistance de l'air peut être considérée comme proportionnelle à la densité de l'air, à la section transversale du projectile et à une certaine fonction de sa vitesse.

Soient

δ la densité de l'air ;

a le calibre du projectile ;

p son poids ;

s l'espace parcouru après le temps t ;

v la vitesse ;

$\dfrac{dv}{dt}$ l'accélération retardatrice due à la résistance de l'air ;

$f(v)$ la fonction de la vitesse à laquelle cette accélération est proportionnelle ;

H un coefficient dépendant de la forme du projectile.

$$\frac{dv}{dt} = \frac{\pi a^2 \delta H}{4p} f(v).$$

144. Si l'on admet que la fonction $f(v)$ soit une certaine puissance de la vitesse, n étant l'exposant de cette

puissance, et c représentant le produit $\dfrac{\pi a^2 \delta H}{4p}$, on a

$$\frac{dv}{dt} = cv^n, \quad ds = V\,dt\,\frac{dv}{ds} = cv^{n-1},$$

d'où

$$\frac{dv}{v^n} = c\,dt, \quad \frac{dv}{v^{n-1}} = c\,ds.$$

En intégrant et remarquant qu'à l'origine, t et s étant nuls, la vitesse v est la vitesse initiale V, on a

$$\frac{1}{v^{n-1}} - \frac{1}{V^{n-1}} = (n-1)ct, \quad \frac{1}{v^{n-2}} - \frac{1}{V^{n-2}} = (n-2)cs.$$

Si la résistance de l'air est proportionnelle au cube de la vitesse, l'exposant n étant égal à 3, on a

$$t = \frac{1}{2c}\left(\frac{1}{v^2} - \frac{1}{V^2}\right), \quad s = \frac{1}{c}\left(\frac{1}{v} - \frac{1}{V}\right),$$

d'où

$$v = \frac{V}{\sqrt{1 + 2cV^2 t}}, \quad t = \frac{s}{V}\left(1 + \frac{cVs}{2}\right), \quad v = \frac{V}{1 + cVs}.$$

Si la résistance de l'air est proportionnelle au carré de la vitesse, l'exposant n étant égal à 2, on a, en représentant par l un logarithme népérien, et par e la base de ces logarithmes,

$$t = \frac{1}{c}\left(\frac{1}{v} - \frac{1}{V}\right), \quad s = \frac{1}{c}\,l\,\frac{V}{v},$$

$$v = \frac{V}{1 + cVt}, \quad t = \frac{e^{cs} - 1}{cV}, \quad v = \frac{V}{e^{cs}}.$$

145. Aucune de ces hypothèses n'est exacte; mais on

peut, avec l'une ou l'autre, représenter d'une manière assez rapprochée les résultats de l'expérience, en attribuant pour chacune d'elles une valeur convenable au coefficient c, et en ne l'appliquant qu'à des variations de vitesse de peu d'étendue.

Nous admettrons la première, et nous supposerons la résistance de l'air proportionnelle au cube de la vitesse, parce que cette hypothèse donne généralement des résultats peu différents de ceux de l'expérience, et parce qu'elle conduit à des relations assez simples entre le temps, la vitesse et l'espace parcouru.

Le coefficient c, qui est le rapport de l'accélération retardatrice de l'air au cube de la vitesse, est habituellement appelé le *coefficient balistique*.

La résistance de l'air étant supposée proportionnelle au cube de la vitesse, le coefficient balistique est constant pour chaque projectile et pour tous ceux qui lui sont entièrement semblables, en tous les points de leur trajectoire, quels que soient l'angle de tir et la vitesse initiale, tant que l'axe du projectile s'écarte peu de la tangente à la trajectoire.

Pour des projectiles de calibre ou de poids différents, mais de forme semblable, le coefficient balistique est à peu près proportionnel à la section transversale ou au carré du calibre, et inversement proportionnel à la masse ou au poids du projectile.

Le produit $c\,\dfrac{p}{a^2}$ qui, d'après ces hypothèses, doit être constant pour des projectiles de forme semblable, sera probablement compris, pour le projectile projeté, entre 7 et 8 millionièmes, le calibre étant exprimé en décimètres, le poids exprimé en kilogrammes et la densité de l'air supposée égale à 0,001208.

Si nous le supposons égal à la moyenne de ces deux

limites, nous aurons

$$c\,\frac{p}{a^2} = 0,0000075, \quad p = 5^{kg}, \quad a = 0^{d},73, \quad \frac{a^2}{p} = 0,1066,$$

$$c = 0,0000008.$$

Le coefficient balistique c sera ainsi égal à huit dix-millionièmes.

Cette évaluation suppose un air calme et de densité constante égale à 0,001208.

Le poids du mètre cube d'air, ainsi fixé à $1^{kg},208$, est celui auquel on rapporte habituellement les expériences. Il correspond à la pression barométrique de 750 milli-mètres et à la température de 15 degrés, l'air étant sup-posé à moitié saturé d'eau.

146. La vitesse initiale V et le coefficient c étant connus, on pourra déterminer le temps écoulé t ou l'es-pace parcouru s, à l'instant où le projectile conserve une vitesse donnée v, à l'aide des deux relations

$$t = \frac{1}{2c}\left(\frac{1}{v^2} - \frac{1}{V^2}\right), \quad s = \frac{1}{c}\left(\frac{1}{v} - \frac{1}{V}\right).$$

On pourra déterminer la vitesse conservée par le pro-jectile, après un certain temps écoulé ou un certain es-pace parcouru, à l'aide des deux relations

$$v = \frac{V}{\sqrt{1 + 2c\,V^2 t}}, \quad v = \frac{V}{1 + c\,V s}.$$

On pourra obtenir directement la valeur de c, au moyen de deux vitesses v et v' mesurées en deux points de la trajectoire distants d'une longueur d, à l'aide de la relation

$$c = \frac{v - v'}{vv'\,d}.$$

On pourra, connaissant la valeur de c, calculer la vitesse initiale V, au moyen d'une vitesse v mesurée à une distance s du canon, à l'aide de la relation

$$V = \frac{v}{1 - cvs}.$$

147. Les relations ainsi établies ne peuvent être appliquées qu'à la première partie de la trajectoire, la valeur attribuée au coefficient balistique ne pouvant convenir qu'à des vitesses voisines de la vitesse initiale.

Si l'on voulait les appliquer à toute l'étendue de la trajectoire, il faudrait la diviser en un certain nombre d'arcs, pour chacun desquels on attribuerait au coefficient balistique la valeur correspondant à la vitesse moyenne dont le projectile est animé pendant le parcours de cet arc.

Le coefficient balistique, étant supposé égal à huit dix-millionièmes pour des vitesses moyennes de 5oo mètres, s'élèverait à dix dix-millionièmes pour des vitesses voisines de 36o mètres, et descendrait à six dix-millionièmes pour des vitesses inférieures à 200 mètres.

Il varie dans le sens de la vitesse du projectile, lorsque cette vitesse est inférieure à la vitesse de propagation du son dans l'air ou supérieure à la vitesse moyenne de translation des molécules de l'air.

Il varie dans le sens contraire, lorsqu'elle est comprise entre ces deux limites, et il présente ainsi un maximum correspondant à la première et un minimum correspondant à la seconde.

La vitesse moyenne de translation des molécules de l'air, comme la vitesse de propagation du son, est proportionnelle à la racine carrée de la température absolue.

Elle est de 485 mètres par seconde au zéro de l'échelle centigrade, de 494 mètres à 10 degrés et de 5o3 mètres à 20 degrés.

La vitesse initiale du canon projeté, qui est de 490 mètres, est égale à la vitesse moyenne de translation des molécules de l'air à la température ordinaire, et correspond ainsi au minimum du coefficient balistique.

Trajectoire.

148. La trajectoire moyenne étant projetée sur le plan de tir et rapportée à deux axes rectangulaires, l'un horizontal et l'autre vertical, qui se croisent au point de départ,

Soient

x l'abscisse ;

y l'ordonnée de l'un quelconque de ses points ;

s l'espace parcouru ;

t le temps employé à le parcourir ;

v la vitesse restante ;

V la vitesse initiale ;

α l'angle de tir ;

X la portée ;

X_1 l'abscisse du point culminant ;

Y l'ordonnée de ce point ;

T la durée du trajet.

Si le projectile se mouvait dans le vide, on aurait

$$x = V t \cos \alpha, \quad y = V t \sin \alpha - \frac{1}{2} g t^2,$$

$$y = x \tang \alpha - \frac{g x^2}{2 V^2 \cos^2 \alpha},$$

$$X = \frac{V^2}{g} \sin 2\alpha,$$

$$X_1 = \frac{V^2}{2g} \sin 2\alpha = \frac{1}{2} X,$$

$$Y = \frac{V^2 \sin^2 \alpha}{2g} = \frac{1}{2} X \tang \alpha = \frac{1}{8} g T^2,$$

$$v^2 = V^2 - 2gy,$$

$$T = \frac{X}{V \cos \alpha} = \frac{2V \sin \alpha}{g}.$$

149. Si l'on suppose la résistance de l'air dirigée suivant la tangente à la trajectoire et proportionnelle au carré de la vitesse, le rapport de l'abscisse et de l'espace parcouru étant de plus supposé égal au rapport de leurs dérivées, on a

$$\frac{dx}{dt} = V \cos \alpha \, e^{-cx},$$

$$y = x \tang \alpha - \frac{g}{4 c^2 V^2 \cos^2 \alpha} (e^{2cx} - 2cx - 1),$$

$$t = \frac{e^{cx} - 1}{c V \cos \alpha}.$$

150. Ces relations ne donnent pas des résultats assez voisins de ceux de l'expérience, parce que l'expression de la résistance de l'air, au moyen de laquelle elles sont obtenues, ne représente pas assez exactement cette résistance.

Les autres expressions par lesquelles on peut la représenter, étant moins simples ou moins exactes, ne permettent pas non plus d'obtenir des expressions assez simples et assez approchées des coordonnées de la trajectoire.

Il parait plus simple et plus facile de chercher directement, en dehors de toute hypothese relative aux variations de la vitesse dans l'air, et en se rapprochant autant que possible des expressions du mouvement dans le vide, une équation approchée de la trajectoire, qui permette d'obtenir des relations simples entre la vitesse initiale, l'angle de tir et la portée.

Le temps t, que le projectile emploie pour atteindre le point où l'abscisse est x, étant plus grand dans l'air que dans le vide, l'abaissement dû à l'action de la pesanteur est aussi plus grand, et l'ordonnée y qui correspond à l'abscisse x peut être considérée comme égale à la valeur qu'elle aurait dans le vide, diminuée d'une certaine quantité positive qui est fonction de l'abscisse, de la vitesse initiale et de l'angle de tir.

L'ordonnée de la trajectoire dans l'air peut être ainsi représentée par l'expression

$$ y = x \tang \alpha - \frac{g x^2}{2\, V^2 \cos^2 \alpha} [1 + f(x, V, \alpha)]. $$

Lorsque l'ordonnée y devient nulle, et l'abscisse x égale à la portée X, la portée dans le vide étant représentée par X_0, on a

$$ 0 = X \tang \alpha - \frac{g X^2}{2\, V^2 \cos^2 \alpha} [1 + f(X, V, \alpha)], $$

d'où

$$ \frac{V^2 \sin^2 \alpha}{g X} = 1 + f(X, V, \alpha) $$

$$ \frac{X_0}{X} = 1 + f(X, V, \alpha), \quad X_0 - X = X f(X, V, \alpha). $$

151. On peut avoir, par une formule très-simple, une première approximation souvent suffisante, en supposant la fonction f indépendante de l'abscisse, proportionnelle à la vitesse initiale, et proportionnelle au sinus du double de l'angle de tir.

On a ainsi, en désignant par h un nombre constant,

$$ f(x, V, \alpha) = h\, V \sin 2\alpha, $$

$$ y = x \tang \alpha - \frac{g x^2}{2\, V^2 \cos^2 \alpha} (1 + h\, V \sin 2\alpha), $$

$$ \frac{V^2}{g} \frac{\sin 2\alpha}{X} = 1 + h\, V \sin \alpha, $$

$$\sin 2\alpha = \frac{X}{\dfrac{V^2}{g} - hVX}, \quad X = \frac{V^2}{g}\,\frac{\sin 2\alpha}{1 + hV\sin 2\alpha},$$

$$X_0 - X = hVX \sin 2\alpha.$$

Dans cette hypothèse, la différence des portées dans le vide et dans l'air, $X_0 - X$, est proportionnelle à la vitesse initiale, à la portée, et au sinus du double de l'angle de tir.

152. On peut avoir, par une formule un peu moins simple, une approximation généralement plus grande, en supposant la fonction f proportionnelle à l'abscisse et à la vitesse initiale, et indépendante de l'angle de tir.

On a ainsi, en désignant par K un nombre constant,

$$f(x, V, \alpha) = KVx.$$

$$y = x \tang \alpha - \frac{gx^2}{2V^2\cos^2\alpha}(1 + KVx),$$

$$\frac{V^2\sin 2\alpha}{gX} = 1 + KVX,$$

$$\frac{\sin 2\alpha}{gX} = \frac{1}{V^2} + \frac{K}{V}X, \quad X = \frac{1}{2KV}\left(\sqrt{1 + 2KV\frac{2V^2}{g}\sin 2\alpha} - 1\right),$$

$$X_0 - X = KVX^2.$$

Dans cette hypothèse, la différence des portées dans le vide et dans l'air est proportionnelle à la vitesse initiale et au carré de la portée.

Les formules ainsi établies donnent généralement des résultats peu différents de ceux de l'expérience, à la condition cependant de ne pas employer, pour le calcul du coefficient K, les résultats des tirs faits sous de petits angles, une faible erreur de mesure de l'angle donnant alors une grande erreur dans l'évaluation du coefficient.

Si l'on mesure les portées obtenues, pour divers angles de tir, avec des projectiles semblables, tirés par des canons semblables, à la même vitesse initiale, et si l'on ramène les portées moyennes au cas d'un air calme et de densité constante, les diverses valeurs du coefficient K, calculées pour chaque angle de tir au moyen de la portée moyenne correspondante, sont généralement très-peu différentes.

Pour la plupart des canons actuellement en service, le coefficient K peut être considéré comme indépendant de l'angle de tir.

Mais il n'en est pas ainsi pour tous les canons.

Pour les premiers canons rayés, dont les projectiles perdaient assez rapidement leur vitesse, le coefficient K croît avec l'angle de tir, tandis que pour certains canons, tels que ceux du système Withworth, dont les projectiles conservent bien leur vitesse, ce coefficient décroît lorsque l'angle de tir augmente.

Le coefficient K paraît généralement croître avec l'angle de tir, lorsque le projectile, mal construit ou mal dirigé, perd rapidement sa vitesse dans l'air, de telle sorte que la portée maximum est beaucoup inférieure à celle que l'on obtiendrait dans le vide.

Ce coefficient paraît, au contraire, décroître avec l'angle de tir, lorsque les projectiles, bien construits et bien dirigés, conservent bien leur vitesse dans l'air, de telle sorte que la portée maximum est moins éloignée de celle qu'on obtiendrait dans le vide.

153. On peut, dans ce dernier cas, représenter plus exactement les résultats de l'expérience, en supposant la fonction f proportionnelle au carré de l'abscisse et à la vitesse initiale, et inversement proportionnelle au double du sinus de l'angle de tir.

On a ainsi, en représentant par l un nombre constant,

$$f(x, \mathrm{V}, \alpha) = \frac{l\mathrm{V}x^2}{\sin 2\alpha},$$

$$y = x \tang \alpha - \frac{gx^2}{2\,\mathrm{V}^2\cos^2\alpha}\left(1 + \frac{l\mathrm{V}x^2}{\sin 2\alpha}\right),$$

$$\frac{\mathrm{V}^2\sin 2\alpha}{g\mathrm{X}} = 1 + \frac{l\mathrm{V}\mathrm{X}^2}{\sin 2\alpha},$$

$$l\mathrm{V}\mathrm{X}^3 + \sin 2\alpha\,\mathrm{X} - \frac{\mathrm{V}^2}{g}\sin^2 2\alpha = 0,$$

$$\mathrm{X}_0 - \mathrm{X} = \frac{l\mathrm{V}\mathrm{X}^3}{\sin 2\alpha}.$$

Dans cette hypothèse, la différence des portées dans le vide et dans l'air est proportionnelle à la vitesse initiale et au cube de la portée, et inversement proportionnelle au sinus du double de l'angle de tir.

154. La deuxième hypothèse étant celle qui s'accorde le mieux avec l'expérience pour le plus grand nombre des canons et conduisant d'ailleurs à des calculs assez simples, nous l'appliquerons au canon projeté, et nous admettrons que pour ce canon la fonction f sera proportionnelle à l'abscisse et à la vitesse initiale, et indépendante de l'angle de tir, la différence des portées dans le vide et dans l'air étant ainsi supposée proportionnelle à la vitesse initiale et au carré de la portée.

On aura ainsi, en désignant par K le rapport supposé constant de f et de VX,

$$y = x \tang \alpha - \frac{gx^2}{2\,\mathrm{V}^2\cos^2\alpha}\left(1 + \mathrm{K}\mathrm{V}x\right),$$

$$\frac{\mathrm{V}^2\sin 2\alpha}{g\mathrm{X}} = 1 + \mathrm{K}\mathrm{V}\mathrm{X}.$$

$$\mathrm{X}_0 - \mathrm{X} = \mathrm{K}\mathrm{V}\mathrm{X}^2.$$

Pour des projectiles de calibre ou de poids différents, mais de forme semblable, le coefficient K est à peu près proportionnel à la densité de l'air, proportionnel à la section transversale ou au carré du calibre, et inversement proportionnel à la masse ou au poids du projectile.

Le produit $K \frac{p}{a^2}$, qui, d'après ces hypothèses, doit être à peu près constant pour des projectiles de forme semblable, comme le coefficient balistique $c \frac{p}{a^2}$, sera probablement compris, pour le projectile projeté, entre les deux tiers et les cinq sixièmes de ce coefficient.

Si nous le supposons égal à la moyenne de ces deux valeurs, nous aurons

$$K \frac{p}{a^2} = \frac{3}{4} c \frac{p}{a^2} = 0,0000056, \quad K = \frac{3}{4} c = 0,0000006.$$

Le coefficient K sera ainsi égal à six dix-millionièmes.

Cette évaluation, comme celle du coefficient balistique, suppose un air calme et de densité constante égale à 0,001208.

Portées et angles de tir.

155. La vitesse initiale V et le coefficient K étant connus, on peut déterminer l'angle de tir correspondant à une portée donnée ou la portée correspondant à un angle de tir donné, à l'aide des relations

$$\sin 2\alpha = \frac{g}{V^2}(X + KVX^2),$$

$$X = \frac{1}{2KV}\left(\sqrt{1 + 2KV \frac{2V^2 \sin 2\alpha}{g}} - 1\right).$$

Le maximum de portée sera probablement obtenu sous un angle voisin de 45 degrés, et sera à peu près égal à 7500 mètres.

Angles de chute.

156. Si, de l'équation de la trajectoire, on déduit la différentielle de l'ordonnée par rapport à l'abscisse, on aura en fonction de l'abscisse, de la vitesse initiale et de l'angle de tir, la valeur de la tangente de l'angle que la trajectoire fait en chaque point avec l'horizon

$$\frac{dy}{dx} = \operatorname{tang}\alpha - \frac{gx}{2\,V^2\cos^2\alpha}\,(2 + 3KVx).$$

On aura la tangente de l'angle de chute, en substituant dans cette expression, à l'abscisse x, la valeur de la portée X

$$\frac{\operatorname{tang}\omega}{\operatorname{tang}\alpha} = 1 - \frac{gX}{V^2\sin 2\alpha}\,(2 + 3KVX) = 1 - \frac{2 + 3KVX}{1 + 2KVX}$$

$$= -1 - \frac{KVX}{1 + KVX}.$$

Hauteur du jet.

157. En égalant à zéro l'expression de la tangente de l'angle que fait la trajectoire avec l'horizon, on a une équation de laquelle on peut déduire l'abscisse du point dont la tangente est horizontale, qui est le point le plus élevé

$$3KVX_1 + 2X_1 = \frac{V^2\sin 2\alpha}{g}.$$

En substituant la valeur ainsi obtenue à l'abscisse x, dans l'équation de la trajectoire, on peut en déduire l'ordonnée du point le plus élevé, la hauteur du jet.

158. Si l'on avait, par l'expérience directe ou par une formule déduite des résultats déjà obtenus, une valeur

assez exacte de la durée du trajet, on pourrait en déduire très-simplement la hauteur du jet en admettant que, dans l'air comme dans le vide, le rapport de la hauteur du jet au carré de la durée totale du trajet est constant et égal à $\frac{1}{8} g$.

Durée de trajet.

159. Si l'on admet que la résistance de l'air donne une composante horizontale proportionnelle au cube de la vitesse horizontale du projectile, et si l'on représente par u cette vitesse, on a

$$u = \frac{dx}{dt}, \quad \frac{du}{dt} = -cu^3, \quad \text{d'où} \quad \frac{du}{u^3} = -c\,dx.$$

La vitesse horizontale étant $V \cos \alpha$ lorsque $x = 0$, l'intégration donne

$$u = \frac{dx}{dt} = \frac{V \cos \alpha}{1 + cV \cos \alpha\, x}.$$

L'abscisse x étant nulle lorsque $t = 0$, l'intégration donne

$$t = \frac{x}{V \cos \alpha} \left(1 + \frac{cV \cos \alpha\, x}{2} \right).$$

Le coefficient balistique c étant déterminé, on peut avoir une valeur approchée de la durée du trajet, en substituant dans cette expression, à l'abscisse x, la valeur de la portée.

160. En comparant l'abaissement du projectile et la durée du trajet, on peut avoir une autre valeur approchée de cette durée, exprimée en fonction de la portée et de l'angle de tir.

La vitesse verticale moyenne étant plus grande dans la partie ascendante de la trajectoire que dans la partie descendante, l'espace que le projectile parcourt suivant la verticale est plus diminué par la résistance de l'air pendant la descente que pendant l'ascension.

L'abaissement vertical du projectile au point de chute, la distance verticale du point de chute à la ligne de tir sont par suite moindres que l'abaissement qui résulterait de la seule action de la pesanteur pendant le même temps.

Mais le rapport des deux abaissements est à peu près indépendant de l'angle de tir.

Si l'on admet cette hypothèse et si l'on représente par n le rapport constant des deux abaissements, on a

$$\frac{1}{2}g\mathrm{T}^2 = n\,\mathrm{X}\tan\alpha, \quad \text{d'où} \quad \mathrm{T} = \sqrt{\frac{2n\mathrm{X}}{g}\tan\alpha}.$$

En supposant le coefficient n égal à $\dfrac{5}{4}$, on obtient généralement, par cette expression, des durées assez voisines des durées réelles observées.

Dérivation.

461. On a quelquefois admis que le mouvement de dérivation était uniformément accéléré, et que par suite la dérivation était proportionnelle au carré du temps.

L'accélération constante de ce mouvement étant représentée par f, la dérivation au point de chute est égale à $\dfrac{1}{2}f\mathrm{T}^2$.

Si l'on admet que l'abaissement du projectile au point de chute est à peu près proportionnel à celui qui résul-

terait de la seule action de la pesanteur, le rapport constant des deux abaissements étant représenté par n,
on a

$$T^2 = 2\,\frac{n\,X}{g}\,\tang\alpha \quad \text{et} \quad D = \frac{fn}{g}\,X\,\tang\alpha.$$

La dérivation, dans cette hypothèse, est proportionnelle à l'abaissement final du projectile ou au produit de
la portée par la tangente de l'angle de tir.

162. En construisant les Tables de tir des premiers canons rayés, on avait supposé la trajectoire plane et la
dérivation proportionnelle au produit de la portée par le
sinus de l'angle de tir.

Cette hypothèse est très-commode, parce qu'elle permet
de corriger à la fois la dérivation et l'abaissement par
l'emploi d'une hausse rectiligne dont l'inclinaison sur le
plan de tir est donnée par le rapport $\dfrac{D}{X \sin\alpha}$.

163. Mais on obtient généralement des résultats plus
voisins de ceux de l'expérience en supposant la dérivation
proportionnelle au carré de la vitesse initiale et au carré
du sinus de l'angle de tir; de telle sorte qu'en désignant
par h un coefficient constant, on a

$$D = h\,V^2\,\sin^2\alpha.$$

Dans cette hypothèse, la dérivation est proportionnelle
à la composante verticale de la vitesse initiale ou à la
hauteur à laquelle le projectile s'élèverait dans le vide.

Il est difficile d'obtenir, même par une expérience directe, une valeur à peu près exacte de la dérivation, parce
qu'elle est augmentée ou diminuée dans de fortes proportions par les variations atmosphériques.

Un vent de 12 mètres, normal au plan de tir, suffit

pour doubler la dérivation s'il agit dans le sens de la rotation, et pour l'annuler s'il agit dans le sens opposé.

S'il est difficile de déterminer la dérivation par des expériences directes, il est beaucoup plus difficile de la déterminer, même approximativement, pour un projectile qui n'a jamais été tiré.

On peut cependant admettre que, d'après les résultats obtenus pour des projectiles de disposition à peu près semblable, le rapport $\dfrac{D}{V^2 \sin^2 \alpha}$ sera probablement compris, pour l'obus projeté, entre deux et quatre millièmes.

En prenant pour ce rapport la moyenne de ces deux limites, on pourra obtenir la dérivation par la relation

$$D = 0,003 . V^2 \sin^2 \alpha.$$

Hausses et dérives.

164. La hausse étant parallèle au plan de tir et normale à l'axe du canon, le rapport de la hausse à la longueur de la ligne de mire doit être égal à la tangente de l'angle de tir et au rapport de l'abaissement à la portée.

La hausse, étant exprimée en millièmes de la longueur de la ligne de mire, sera égale à mille fois la tangente de l'angle de tir

$$h = 1000 \tang \alpha.$$

165. La direction de la dérive étant normale au plan de tir, le rapport de la dérive à la longueur de la ligne de mire doit être égal au rapport de la dérivation à la portée, divisé par le cosinus de l'angle de tir.

La dérive, étant exprimée en millièmes de la longueur de la ligne de mire, sera égale au nombre ainsi obtenu multiplié par 1000.

$$d = 1000 \, \frac{D}{X \cos \alpha}.$$

166. Les diverses positions à donner à l'œilleton, pour le pointage, peuvent être considérées comme formant une ligne qui serait l'intersection du plan dans lequel se meut l'œilleton avec le cône qui aurait pour base la trajectoire et pour sommet le guidon.

Si la trajectoire était plane et le guidon placé dans son plan, cette ligne serait droite et l'on pourrait corriger à la fois l'abaissement et la dérivation par l'emploi d'une hausse rectiligne inclinée sur le plan de tir.

Il faudrait pour cela que le rapport de la dérive à la hausse fût constant, et la dérivation serait alors proportionnelle au produit de la portée par le sinus de l'angle de tir.

Le rapport $\dfrac{D}{X \sin z}$ qui, dans ce cas, serait constant, donnerait la tangente de l'angle que la hausse devrait faire avec le plan de tir.

Action du vent.

167. Soient

V la vitesse du vent;

m la masse du projectile;

S la surface qu'il présente normalement au vent;

F la pression que le vent exerce sur lui;

e l'espace qu'elle lui ferait parcourir dans le temps t.

La vitesse et la direction du vent étant supposées constantes, l'accélération du mouvement qu'il détermine est constante et égale à la pression du vent divisée par la masse du projectile.

L'espace qu'elle lui fait parcourir est égal à la moitié du produit de cette accélération par le carré du temps

$$\frac{d^2 e}{dt^2} = \frac{F}{m}, \quad e = \frac{1}{2}\frac{F}{m}t^2.$$

La pression du vent est le produit de sa vitesse par la masse de l'air qu'il amène sur le projectile pendant l'unité de temps.

Cette masse peut être considérée comme celle d'un cylindre ayant pour hauteur la vitesse du vent et pour base la surface que le projectile présente normalement à sa direction.

La pression du vent est, par suite, égale au produit de cette surface par le carré de la vitesse du vent, multiplié par la densité de l'air et divisé par l'accélération de la pesanteur.

$$F = \frac{\partial}{g} SV^2, \quad \frac{d^2 e}{dt^2} = \frac{\partial SV^2}{mg}.$$

L'accélération du mouvement dû au vent est ainsi proportionnelle au carré de sa vitesse, à la surface sur laquelle il agit, à la densité de l'air, et inversement proportionnelle au poids du projectile.

168. La vitesse et la direction du vent, comme la densité de l'air, ne peuvent être facilement mesurées qu'à une faible distance du sol; et de même qu'on substitue à la densité variable des couches d'air traversées par le projectile la densité mesurée près du sol, on est généralement obligé de substituer à la vitesse et à la direction variables du vent que le projectile rencontre à diverses hauteurs la vitesse et la direction mesurées près du sol.

Cette substitution peut altérer assez sensiblement l'évaluation de l'action du vent dans le tir sous les grands angles; mais elle facilite beaucoup les mesures et les calculs, et peut être, à défaut de données plus précises, acceptée comme première approximation.

On peut aussi, pour les mêmes raisons, considérer la

direction du vent comme parallèle à l'horizon, dont elle est généralement très-voisine.

Sa vitesse peut être alors considérée comme donnant deux composantes horizontales, l'une normale au plan de tir et l'autre suivant ce plan.

Soient

s la projection du projectile sur le plan de tir ;

s' sa projection sur le plan vertical normal au plan de tir ;

β l'angle que la direction du vent fait avec ce plan.

La composante normale est égale à $V \sin\beta$, et tend à déterminer un mouvement, normal au plan de tir, dont l'accélération est $\dfrac{\partial s}{mg} V^2 \sin^2\beta$.

Elle modifie la dérivation et déplace le point de chute, normalement au plan de tir, d'une longueur égale à $\dfrac{1}{2} \dfrac{\partial s}{mg} V^2 \sin^2\beta \, T^2$.

La seconde composante est égale à $V \cos\beta$, et tend à déterminer un mouvement, suivant le plan de tir, dont l'accélération est $\dfrac{\partial s'}{mg} V^2 \cos^2\beta$.

Elle modifie la portée et déplace le point de chute, suivant le plan de tir, d'une longueur égale à $\dfrac{1}{2} \dfrac{\partial s'}{mg} V^2 \cos^2\beta \, T^2$.

169. On peut avoir facilement une valeur assez approchée des dérivations produites par le vent, en substituant la section méridienne du projectile à sa projection sur le plan de tir.

Les variations de portée produites par le vent sont plus difficiles à évaluer, parce que l'inclinaison du projectile et sa projection sur le plan vertical normal au plan de tir varient à chaque instant.

On peut cependant, à défaut de données plus précises, avoir une première approximation en substituant à la surface variable de la projection s' une valeur constante qu'on peut supposer égale à la moitié de la section méridienne.

La valeur ainsi attribuée à cette surface est la moyenne des valeurs par lesquelles elle passe dans les tirs à grande portée.

L'erreur résultant de cette substitution pour les tirs à petite distance est négligeable, l'action du vent n'étant considérable qu'aux grandes portées.

170. La surface méridienne de l'obus projeté, que nous substituons à la surface s, est de $0^{mq},0144$.

La surface constante que nous substituons à la surface variable s' est de $0^{mq},0072$.

Le poids de l'obus mg est de 5 kilogrammes.

Le poids du mètre cube d'air ∂ étant supposé de $1^{kg},208$, un vent de 1 mètre par seconde, normal au plan de tir, détermine un mouvement dont l'accélération est

$$\frac{\partial s}{mg} = \frac{1,208 \times 0,0144}{5} = 0^{m.s.},00348.$$

Il modifie la dérivation, après le temps t, d'une longueur égale à $\frac{1}{2} 0^{m.s.},00348\, t^2$.

Un vent de 1 mètre par seconde, suivant le plan de tir, détermine un mouvement dont l'accélération est

$$\frac{\partial s'}{mg} = \frac{1,208 \times 0,0072}{5} = 0^{m.s.},00174.$$

Il modifie la portée, après le temps t, d'une longueur égale à $\frac{1}{2} 0^{m.s.},00174\, t^2$.

Un vent de 10 mètres par seconde détermine une accélération cent fois plus grande et un déplacement cent fois plus grand.

A 3200 mètres, après un trajet de 10 secondes, il modifie la dérivation de $17^m,4$ et la portée de $8^m,7$.

A 5200 mètres, après un trajet de 20 secondes, il modifie la dérivation de $69^m,6$ et la portée de $34^m,8$.

A 7500 mètres, après un trajet de $43^s,7$, il modifie la dérivation de 332 mètres et la portée de 166 mètres.

Un vent de 20 mètres, à la même distance, modifierait la dérivation de 1330 mètres et la portée de 664 mètres.

Tables de tir.

171. Il ne paraît pas utile de développer ici plus complétement les expressions par lesquelles on peut représenter les résultats de l'expérience, ces expressions étant pour la plupart exposées depuis longtemps dans les ouvrages de M. Hélie, le très-savant professeur qui a créé les méthodes actuellement suivies ou imitées par presque tous les artilleurs, et qui peut être, à bon droit, considéré comme le fondateur de la Balistique expérimentale.

Les relations que nous avons admises entre les divers éléments de la trajectoire permettent de construire les Tables de tir du canon.

Les équations, les coefficients et les Tables de tir, ainsi déterminés à l'avance pour un canon qui n'existe pas, ne peuvent évidemment présenter beaucoup de garanties d'exactitude.

Mais leur connaissance peut être considérée comme une première approximation, utile pour apprécier les résultats que la construction du canon permet d'attendre; et leur emploi pourrait permettre de représenter assez

14

exactement et facilement les résultats du tir, de déterminer complétement les Tables de tir par un petit nombre
de coups, et de juger rapidement la valeur balistique du
canon, s'il devait jamais être tiré.

CANON DE 5.

Obus de 5 kilogrammes. Charge : 1ᵏᵉ,2. Vitesse initiale : 490 mètres.

PORTÉES.	ANGLES de TIR.	ANGLES de CHUTE.	HAUSSES en millièmes de LA LIGNE de mire.	DÉRI-VATIONS.	DÉRIVES en millièmes de LA LIGNE de mire.	DURÉES du TRAJET.	ABSCISSES du sommet.	HAUTEUR du JET.
m	o ,	o ,		m		s	m	m
500	0.40	0.45	11,8	0,1	0,2	1,1	258	1,6
1000	1.31	1.52	26,5	0,5	0,5	2,4	525	7,4
1500	2.34	3.21	44,8	1,4	0,9	3,9	807	19,7
2000	3.45	5. 8	65,5	3,1	1,5	5,6	1081,	39,3
2500	5. 6	7.14	88,3	5,7	2,3	7,3	1356	68,0
3000	6.40	9.44	116,9	9,7	3,2	9,3	1638	109,0
3500	8.26	12.36	148,3	15,5	4,4	11,3	1922	164,2
4000	10.26	15.50	184,2	23,5	5,9	13,5	2207	236,6
4500	12.40	19.26	224,7	34,6	7,9	15,9	2493	320,0
5000	15.10	23.23	271,1	49,4	10,2	18,5	2776	445,0
5500	18. 0	27.44	324,9	68,8	13,1	21,3	3061	592,0
6000	21.20	32.37	390,5	93,0	16,7	24,5	3348	783,0
6500	25.18	38. 4	469,3	131,0	29,0	28,1	3634	1035,0
7000	30.38	44.44	588,8	187,0	31,2	32,6	3927	1408,0
7500	45. 0	59.21	1000,0	360,0	68,0	43,7	4254	2589,0

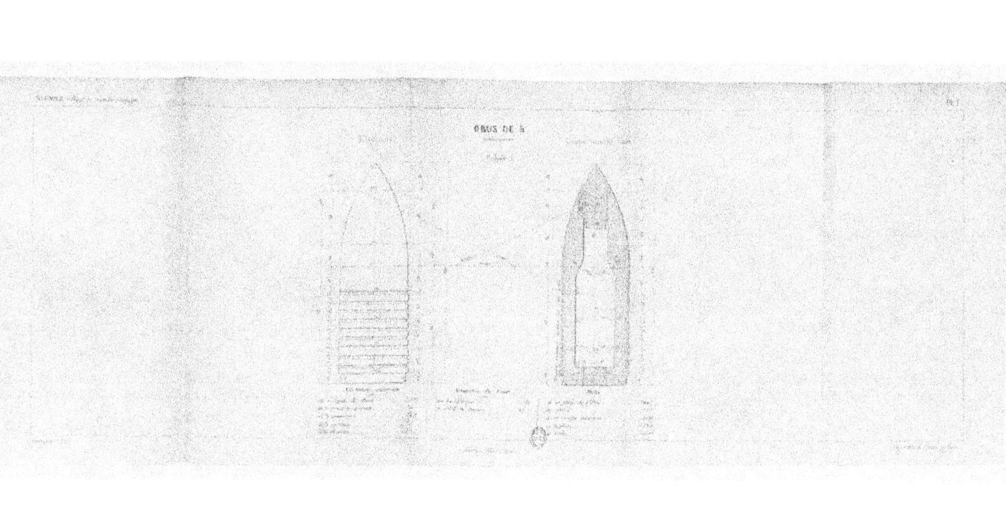

OBUS DE 5

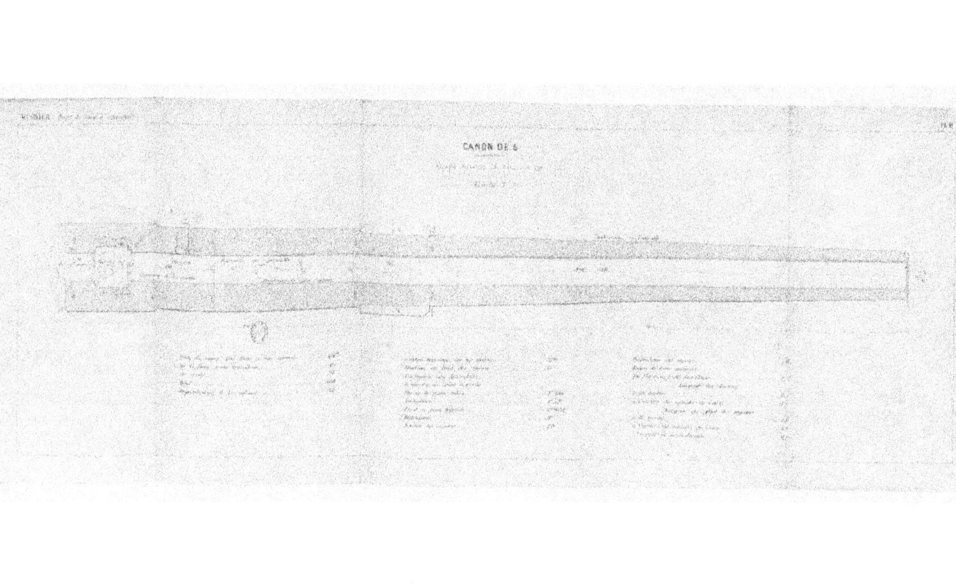
CANON DE 6

CAÑÓN DE 5

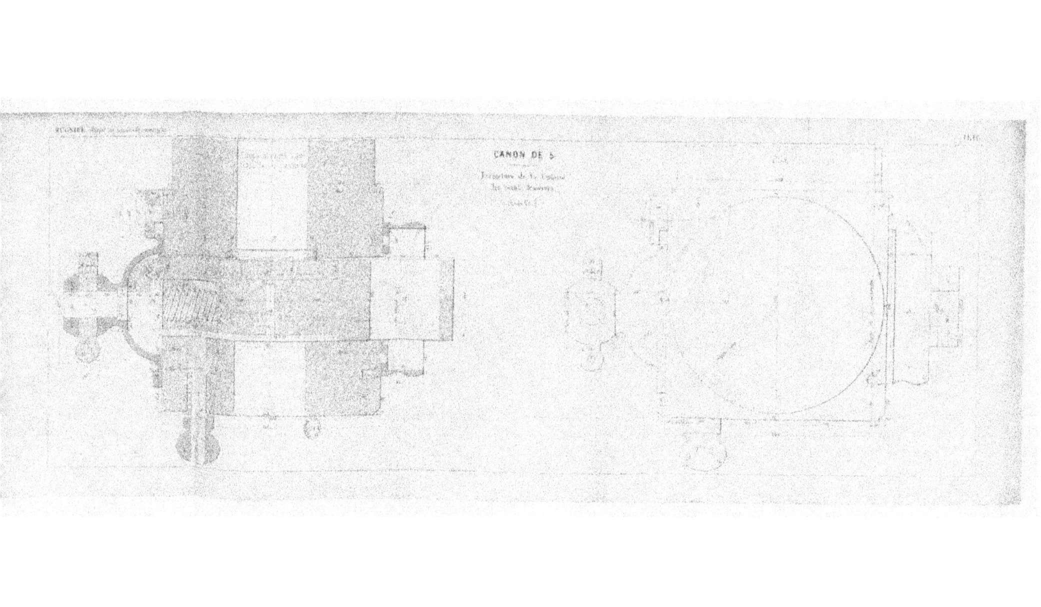

CANON DE 5

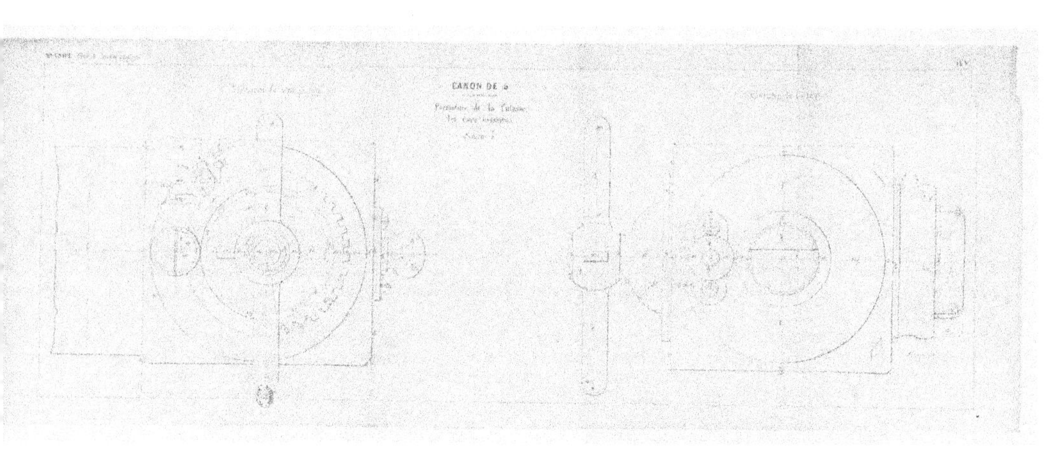

CANON DE 4
Fermeture de la Culasse

www.ingramcontent.com/pod-product-compliance
Lightning Source LLC
LaVergne TN
LVHW021654060726
842527LV00003B/892